ちくま学芸文庫

北欧の神話

山室 静

JN178490

筑摩書房

目次

おわりに

235

北欧の神話

はじめに――北欧神話の背景

つい近年まで北欧の神話は、ヨーロッパでも日本でも、あまり人びとの注意をひきませんでした。ヨーロッパ文化を研究する人たちも、それを支えてきた二本の柱として、もっぱらギリシア神話と、聖書に現れているヘブライ民族の神話に、興味を集中させてきたからです。

ところが最近になって急に北欧神話が注目されるようになりました。なにしろ北欧神話は、近代ヨーロッパを形づくってきた一番大きい勢力であるゲルマン民族――北欧人をはじめ、ドイツ、イギリス、フランス、オランダなどの人びとが、大体すべてこれに属します――の神話として、たしかにヨーロッパ精神の母胎であるからです。これに比べれば、ギリシアやヘブライの神話は、どれだけ美しく、また意味が深かろうと、結局借り物にすぎないといえましょう。そこで近代になってヨーロッパ人の自覚が強まるにつれて、自分たちの祖先が生みだした北欧神話、あるいはゲルマン神話が、急に注目されるようになったわけです。なにしろヨーロッパで使われる週の名は、

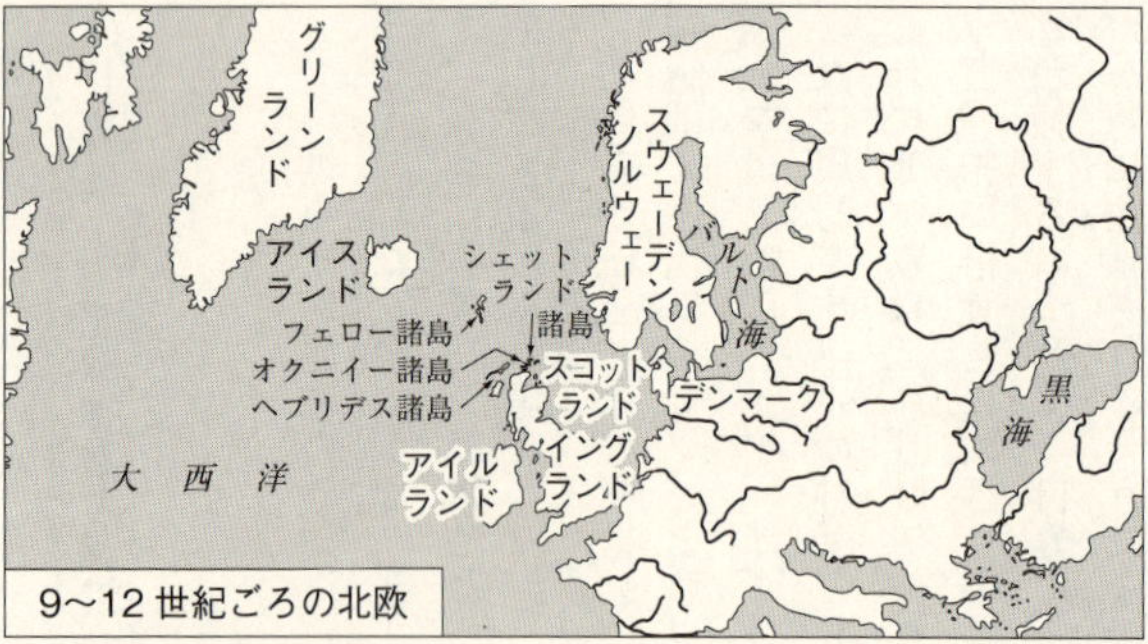

9〜12世紀ごろの北欧

チュールの日（火曜）、オーディンの日（水曜）、トールの日（木曜）、フリッグの日（金曜）と、四つまでがこの神話の神の名をとっているほどですから。

でも、いま私たちの手にしうる北欧神話を、そのまま全ゲルマン族の神話とするわけにはいきません。なにしろ北欧神話は、ゲルマン族としてはごく一部の、デンマーク、ノルウェー、スウェーデン、アイスランドなどで、それもだいぶ遅く、九〜十二世紀ごろに書かれた詩や物語を中心にしていますが、イギリス、ドイツなどの他のゲルマン諸国では、早くローマ文化やキリスト教の影響を受けて、そういう神話の伝承が滅びてしまい、両方を総合したり比較することができないからです。そこでここでは「ゲルマン神話」の名をさけて、それが北欧でとった特殊な姿という意味で「北欧神話」としておきます。

このゲルマン＝北欧神話についてはじめて書いた

のは、一世紀の有名なローマの歴史家タキトスで、その『ゲルマニア』には、すでにオーディン、チュール、トールなどの神が扱われています。しかし、それは外国人が外からながめて書いたものですから、あまりくわしくもなく、不分明なところも多いのです。ところが、十二世紀後半から活躍したアイスランドの大学者スノリ・ストルルソン（一一七九〜一二四一）が、『エッダ』（『新エッダ』『スノリのエッダ』ともいわれます）という本で、北欧神話をおもしろくまたくわしく書いていて、ずいぶん評判になりました。同じころ、九世紀から十二世紀ごろにわたって作られた古い神々や英雄を歌った詩を三十篇《ぺん》あまり集めた、『古エッダ』あるいは『詩のエッダ』という本もできました。この二つの『エッダ』が、その後のすべての北欧神話研究の基本をなしているのです。

当然私のこの本も、これらを土台にし、同じころに書かれた他の物語や、その後のいろいろの学者の研究を参考にして、まとめてみたものです。

なにしろ遠い昔の神話ですから、はっきりしない点、つじつまのあわない個所も少なくありません。しかし、北欧神話をつらぬいている壮大な想像力や、絶望的な戦いや死をも物ともしない勇気にあふれた精神は、私のこの書からもくみ取れるはずと思いますが、どうでしょうか。とにかくこういうものが、近代ヨーロッパを形づくってきたゲルマン人の神話で、かれらの力の源泉なのです。心をとめて読んでみてください。

I

天地創造の神話

天地のはじめと人間の起こり

北欧の人びとは、天地のはじまりをどのように考えていたでしょうか。まず、このことからお話ししていきましょう。

はじめには、なにひとつありませんでした。かぎりなくひろがっている世界は、ただ一面に霧につつまれていて、なにも見えないのです。砂もなければ海もなく、波ひとつありません。もちろん、大地は見られず、大空もなく、すべてはただぼんやりした形のかたまりだったとされています。

そしてその真ん中に、ギンヌンガの裂け目というふかい穴が、はかりしれないほど深く、大きくひろがっているだけでした。

いまだ何もない大昔には

砂もなければ海もなく
冷たい波もなかった
大地もなければ天もなく
ただギンヌンガの裂け目が大きく口を開いているだけで
いずこにも草一本なかった

と、『古エッダ』の『巫女《みこ》の予言』に歌われているとおりです。

そのギンヌンガのふちの北がわは、どこまでも広い、闇と霧にとざされた、たいへん寒い世界ニブルヘイム（霧の国）です。ニブルヘイムの真ん中からは泉がわきだして、いくすじにもわかれて流れましたが、その一つには毒がまじっていたそうです。そうやって流れていく途中で、寒さに凍りついて、しまいには雷のようなひびきをたてて、大きく口をあけているギンヌンガの穴の底へ、落ちこんでいくのでした。

ギンヌンガのふちの南がわは、おそろしく熱い、炎の光りかがやいている火の世界です。それをムスペルヘイム（炎の国）といいます。ムスペルヘイムの真ん中には、巨人の中でももっとも大きいスルトルが、炎の剣をにぎって、この国の見張りをしています。

スルトルが、炎の剣をふりまわすたびに、剣の先から、きらきらときらめく火花が雨のようにこぼれ、ギンヌンガの穴の底にある氷のかたまりの上に落ちます。すると、ギンヌンガのふちの底から、ものすごい音を立てて、もうもうとした蒸気が高く高く立ちのぼるのでした。

この立ちのぼる蒸気が、霧と氷のニブルヘイムから吹いてくる冷たい風のために、凍りつきます。それがだんだんかたまって大きな大きな氷の山となり、ギンヌンガの穴の口までとどくほどになりました。

この大きな氷のかたまりに、ムスペルヘイムから熱い風が吹きつけるうち、いつかそれに生命《いのち》がやどり、ユミルという巨大な生きものが生まれました。

ユミルは、食べものをさがして、闇の中をうごめいているうちに、ものすごく大きい牝牛《めうし》をみつけました。この牝牛も、ユミルとおなじように、もうもうとした蒸気の雲が冷えて、凍ったところから生まれたものでした。

ユミルが、よろこんで牝牛のそばへはいよってみると、大きな乳房から、雪のように白い乳が、四つの川となって、流れ出ていました。ユミルは毎日、その乳をのんで生きていました。

牝牛も生きていますから、なにか食べなければなりません。そこで牝牛は、氷のかたまりについている塩をなめました。昼となく夜となくなめつづけていると、氷のかたまりの中から、男の髪の毛が現れてきたではありませんか。つづいて頭が現れ、全身が現れました。

こうして、氷のかたまりの中からとびだしてきたのがブリという神でした。ブリは体が大きく力が強くて、顔かたちの美しい神でした。

ブリはまもなく、ボルという男の子を産みました。

そのあいだに氷の魔物のユミルも、巨人を産みだしました。

ある日、ユミルが牝牛の乳にあきて、うたたねをしていると、体じゅうに汗をかきました。すると、わきの下からひとりの男の巨人とひとりの女の巨人とが生まれたのです。足のあいだからは、頭を六つもった巨人が生まれました。これらの巨人たちから、やがて「霜の巨人」と呼ばれる巨人の一族が生まれてくるのです。

氷の中から、最初の巨人や神々が生まれたとは、いかにも寒い北欧の神話ではありませんか。

さて、神々と巨人どもが現れると、そのあいだに、はげしい争いが起こらずにはいません。

神々はどこまでも、よいもの、正しいものの味方ですが、巨人どもは、川の毒気をうけていたため、性質が邪悪で乱暴で、悪いことや正しくないものの味方でした。この二つの力は、どうしても、仲よく暮らしていくことができないのです。

しかし、神々と巨人も、戦いばかりしていたわけではありません。

神ボルは、巨人の女のベストラと結婚して、オーディン、ヴィリ、ヴェーの三人の神が生まれました。このうちのオーディンこそ、やがて神々の王者となって、全世界を治めるようになるのです。

三人の神々は、巨人の頭《かしら》ユミルが、あんまり体が大きくて、性質も悪いので、とうとうこれを片づけてしまうことにしました。ユミルは、血みどろになってあばれまわりましたが、とうとう、三人の神々に切りつけられてすさまじいさけび声をあげて倒れました。

すると、その傷口から、真っ赤な血がふきだして、大きな川となり、あたりいちめんに、おそろしい血の洪水をひき起こしました。

頭のユミルがやられたので、あっちこっちに逃げまどっていた巨人どもは、そのものすごい血の洪水におし流されて、ひとりのこらずおぼれ死んでしまいました。

ただ、ベルゲルミルという巨人だけは、妻といっしょに一そうの舟――舟ではなくて石臼《いしうす》の台だとする人もあります――にのりこんで、血の洪水からのがれることができました。

ベルゲルミル夫婦が逃げていったのは、世界のはてにあるヨツンヘイムです。ふたりは、そこに住んで「霜の巨人」と呼ばれる巨人どもを産みました。

「おれたちが、こんな寒い、さびしい世界に住まなければならないのも、みんな神々のせいだ。なんて、にくいやつらだろう」

ベルゲルミル夫婦は、いつもこんなことを話しあっていました。だから、新しく生まれた「霜の巨人」たちも、両親にならって、神々をかたきと思いこみ、折があったら、神々におそいかかろうと、ねらうようになったらしいのです。

いっぽう、巨人どもをうちはらった神々は、ぼうぼうとひろがっているかぎりない世界を見わたしましたが、そこにはまだ、なにひとつありません。大空も、大地もなく、太陽ものぼらなければ、月も照らしません。神々は、ここにちゃんとした住みよい世界をつくろうと、決心しました。

オーディンは、ヴィリとヴェーにむかって、

「わたしたちは、まずしっかりした、形のある世界をつくらなければならない。それには、あのものすごく大きい魔物、ユミルの体を使うのがいちばんいいと思うが、どうだろう」

と、相談しました。

弟たちも、それに賛成しました。

三人は、さっそく天地をつくりはじめました。

天地と万物とは、こうして、オーディン兄弟によって、はじめて形をもつようになったのだといわれます。

まず、まえに打ち倒したまま捨てておいたユミルの大きな体をひっぱってきて、ギンヌンガの穴の真ん中におきました。そして、ユミルの体を、大地にしました。

つぎに、流れほとばしる血で海や川をつくりました。大きな骨で、山や丘をつくり、歯や、あごや、くだけた骨で、大小さまざまの岩や石をつくりました。髪の毛は木や草にしました。

三人の神々は、こうしてつくった大地を、宇宙の真ん中にすえて、そのまわりにはユミルのまつげを植え、さらに大地のまわりには海をめぐらしました。

「大地はいまに、人間というもののすまいになるのだ。それで、できるだけ守りをかたくして、巨人どもの災いから、のがれるようにしてやらなければならない」

オーディンはそういって、そばにいるヴィリと、ヴェーをふりむき、にっこり笑いました。オーディンは心から人間を愛していたのです。

つぎにユミルの大きな頭蓋骨を、大地のはるか上のほうへ投げて、まるい大空をつくり、脳みそをその大空へまきちらして、雲にしました。投げ上げただけでは、いつ大空が落ちてくるかわかりません。そこで神々は、東、西、南、北、という力の強い四人の小人を世界の四すみへ送って、その肩で大空をささえさせました。

このようにして、形のある世界はできあがったのですが、まだ、光がありません。光がなければ、世界は真っ暗闇です。

そこで神々は、南のはてのおそろしい熱さで光りかがやいている火の世界ムスペルヘイムから飛んでくる、かぞえきれないほどたくさんの火花をとって、それを大空にまきちらしました。これが星になり、ようやく世界が少し明るくなりました。

神々はまた、なかでも最も大きい二つの火花を大空へ投げ上げました。その二つの火花を太陽と月にして、大地のまわりをまわらせることにしたのです。この時から夜と昼の区別が生じ、日と年の計算ができるようになったのだそうです。

神々が、大空や大地をつくったり、世界を照らす太陽や、月や、星などをつくったりしているあいだに、ユミルの肉が腐ってきました。見ると、そこには、たくさんのものが、まるでうじのようにうようよと、うごめいていました。

こうしてできたのが、小人でした。

小人には、ふたとおりありました。

体の黒い小人は、ずるがしこくて、うそつきです。神々は、この黒い小人を、大地の下の、暗い、冷たい世界へ追いこみました。

もう一方の小人は、色が白くて美しく、気だてのやさしい小人です。神々は、この白い小人を、大地と大空の中間にある世界へやりました。

白い小人たちはそこに住んで、気の向いたときはときどき大地へおりてきました。そして、草や木の花の世話をしたり、小鳥やちょうちょうと遊んだり、月の光に照らされては、緑の草原の上で、風のようにかるく踊ったりしました。

かれらは、色が白く光りかがやいていたので「光の小人」とも呼ばれました。人間はまた、かれらのことを「妖精」とも呼ぶのでした。

オーディンは、こんどは、神々のすまいをこしらえようと思いました。

神々は会議のすえ、

「神の国には、争いがあってはならない。神の住む国では、少しの血も流してはならない。平和と、調和とが、いつまでも、神の国を支配すべきである」

と、かたく誓い合いました。

まず、大きな鍛冶場をたてました。鍛冶場では、さまざまな道具をつくりました。神々は、その道具をつかって、天高く、美しい青々した草のはえつづく野原の、水晶のようにすみきった水の流れるあたりに、黄金やしろがねの、すばらしい家をいくつも建てました。この国は、アスガルドと呼ばれました。

さて、神々は、大空と大地をつくり、そこに太陽や月や星をつくり、小人や妖精のために住む場所をきめてやり、神々の国アスガルドをつくってしまうと、いよいよ、人間をつくることにしました。

神々は、毎日より集まっては、なにを材料にして人間をつくろうかと、相談しました。

ある日のこと、オーディンとヴィリとヴェーの三人の神が海辺を歩いていると、二本の木が、波間にただよってきました。それはトネリコの木とニレの木でした。

それを見ると、オーディンは顔をかがやかせて、

「いいことを思いついた。あの木で、ひと組の男と女をつくるのだ」

といいました。

ふたりの神も、すぐ賛成しました。さっそく三人は、二本の木を拾い上げると、それをうまく割ったりけずったりして、ひとりの男と、ひとりの女をつくりました。

神々はできあがった男と女とを、じっとながめていましたが、しばらくして、オーディンがいいました。

「わしは、このふたりに、命と、魂とをさずけることにする」

すると、ヴィリは、

「では、わしはふたりに、動く力と知恵をさずける」

といい、ヴェーは、

「それじゃ、わしはふたりに、見たり聞いたりする力とことばをさずけよう」

といいました。

ここにはじめて、人間の祖先の、ひと組の男女ができたのです。

男は、アスク（トネリコ）と呼ばれました。女は、エムブラ（ニレ）と呼ばれました。

神々はアスクとエムブラを、世界の真ん中の大地へ連れてきて、いいました。

「この大地が、おまえたちのすまいなのだ。せいぜい自分たちの子孫をふやして、思うままに治めていくがいい」

やがて、アスクとエムブラは大地に住んで、たくさんの子どもを産みました。その子どもがまた、たくさんの子どもを産んで、大地は人間でいっぱいになりました。

これが、天地のはじめと人間の起こりについて、伝えられている北欧の神話です。

神々は、まだほかにさまざまなものをつくりましたが、いちばん気にいったのが人間で、いつも神の国アスガルドから大地を見まもっているのでした。

宇宙樹とアスガルド

宇宙樹とウルドの泉

北欧の神話を独特に彩っているものに、宇宙をつらぬいてそびえる大木ユグドラシルがあります。前に引いた古い詩『古エッダ』の『巫女《みこ》の予言』にも、歌われています。

わたしは覚えている——
太古に生まれ
その昔わたしを育ててくれた巨人のことを。
九つの世界

九つの根を地下にはりめぐらした
あの宇宙樹を
わたしは覚えている

この木は、大きなトネリコだとされていますが、ふつうはユグドラシルと呼ばれています。ユグとは、恐ろしい者といった意味で、大神オーディンの別名です。ドラシルとは馬の意味で、つまりユグドラシルとは〈オーディン神の馬〉ということなのです。

では、なぜこの木がそんな名で呼ばれたかといえば、ある日オーディンがまるで首でもくくられたようにしてこの木に吊《つ》り下がって、自分で自分の体を槍《やり》で突き、仮死状態になって、昔の北欧人が使ったルーネ文字（〝神秘の文字〟という意味で、三世紀ごろからごく少数の北欧人に使われ、槍の穂、女の装身具、墓石などに刻みつけられました）を発明したとされるからです。

罪人などが絞首刑になることを、西洋ではしゃれて「馬にのる」といいますが、ここではオーディンがこの木にぶら下がったのを馬にのったと見て、その木を「オーディンの馬」＝ユグドラシルと呼んだわけです。

最初に引いた『巫女の予言』の節では、ただギンヌンガのふちが大きく口をあけているだけで、草一本ない世界のことがいわれていました。ところがここでは、宇宙をつらぬいてそびえるトネリコの大木のことが歌われています。おそらくその間に、何千年か何万年かがたったのでしょう。なにしろその間には、天地がつくられ、人間が生まれているのですから。

有名な北欧神話の概説書『エッダ』の中で、スノリは次のようにいっています。

「このトネリコは、あらゆる木の中で一番大きくてみごとなもので、その梢《こずえ》は全世界の上に広がり、天の上まで突き出ている。三つの大きな根が木をささえて遠くまでのび、その一本は神々のところ、もう一本は霜の巨人のところ、三番目のはニブルヘイム（霧の国、死者の国）までとどいている。この根の下にはフヴェルゲルミルの泉があって、毒竜ニドヘグが下から根をかじっている。また霜の巨人の国へのびた根の下には、ミーミルの泉があって、知恵と知識をたたえている。……第三の根は天にのびて、その下には、ウルドの泉という特別に神聖な泉があるが、そのそばで神々は会議を開き、いろんな決定をするのだ」

ミーミルの泉の番人のミーミルは、日ごとにこの泉の水を飲むため、知恵のかたまりになっています。

ところがある日、オーディン神がやって来て、一口泉の水を飲ませてくれとたのみました。オーディンはたいへん賢い神ですが、いやが上にも自分の知識を増したいと、いつも願っているのです。しかしミーミルは、きっぱりとこれを断りました。

「そんなことをいわないで、一口でいいのだから、どうか泉の水を飲ませてくれ」

と、オーディンはねばりました。すると、最後にミーミルはいいました。

「そんなに飲みたければ、一口飲ませてやってもいいが、ただでは飲ませるわけにはいかんぞ」

「わかった。では、なにをお礼に出せばいいのか？」

「うむ、ではおまえの片方の目をもらおうか」

こういわれて、さすがのオーディンもちょっとひるみましたが、一瞬ののちには、自分で自分の片目をぐいとえぐり出して、ミーミルの泉の中に投げこんだのでした。

こうなっては、ミーミルも飲ませないわけにはいきません。オーディンはたっぷりとミーミルの泉の水を飲んだのです。こうしてかれはいよいよ賢くなりましたが、それからは片目になってしまいました。オーディンが、たいていいつもつばの広い帽子を目深にかぶっているのは、それを隠すためだといわれます。かれのあだ名のひとつ〈片目の男〉というのは、こんなことからついたものです。

もう一つのウルドの泉は、最も神聖な泉で、神々はそのそばで会議を開くのですが、またその木には三人のノルンが住みついています。ノルンというのは、ギリシア神話でいうモイラに似た、人間や世界の運命をつかさどる女神で、ウルド（運命という意味）、ヴェルダンディ（現在）、スクルド（未来）の三人です。またこのウルドの泉には、いつも二羽の白鳥が泳いでいるといわれます。

もっとも、ノルンはこの三人だけでなく、神々の仲間のほかに、小人や妖精出のノルンもあると、スノリはいっています。そしてかれらは、人間に赤ちゃんが生まれると、必ずたずねてきて、その子の運命を定めるのだそうで、そんな話が、よく伝説や昔話には出てきます。

ほかにこの三人のノルンの役目は、ユグドラシルの木の傷口に泥をぬったり、木の根もとに泉の水をそそいだりして、この宇宙をささえる巨樹が枯れないように心をくばることです。それというのも、この巨樹にはいろいろの生物が寄生していて、そのあるものは木に害を加えているからです。

まずその梢には、一羽の巨大な鷲《わし》がとまっていますが、この鷲が飛び立とうとして羽をうつと、それで世界に風が起こるのです。この鷲は、地下に住んでユグドラシルの根をかじっている毒竜ニドヘグと、仲がわるいのです。それはこの木に住みついているラタトルスクというリスが、幹を上り下りして、鷲と毒竜に相手の悪口をいっては、けしかけているからなのです。

またこの木の梢の間には、四頭の牡鹿《おじか》が走りまわって、その葉を食いちらしています。それやこれやで、もしノルンたちが手当てをしてやらないと、ユグドラシルの大木も枯れてしまうのでしょう。宇宙をつらぬいてそびえ、九つの世界をささえているというこの木が枯れてしまったら、世界はどうなるのでしょうね。

九つの世界とその住民たち

北欧人は、世界は九つあると考えていたようです。さきに引いた詩の中にも「わたしは九つの世界を覚えている」とありました。では、その九つの世界とはどのようなものでしょう。

その九つの世界を、まとめてはっきりと書いている詩や物語はありませんが、あちこちに書かれていることをまとめてみると、ほぼ次の九つだと思われます。
一、アスガルド――神々の国です。北欧の神々はアサ神族（単数オース、複数エーシル）というからです。

二、ヴァナヘイム——アサ神族たちとは別の、ヴァナと呼ばれる神族の国。この二つの神族は、はじめは対立していて戦い合いましたが、やがて戦いにあきてたがいに人質を出して和睦したといい、ヴァナ神族のニヨルド、フレイ、フレイヤなどの神はアスガルドに来て仲間になりました。

三、妖精の国アルフヘイム。

四、小人の国。小人の起源は前に書きましたが、別に妖精のうちの黒妖精と呼ばれる仲間は、小人と同じく地下に住んでいるようです。これがスヴァルトアルフヘイムと呼ばれています。

五、人間の世界、ミッドガルド。

六、巨人族の住むヨツンヘイム。

七、火の巨人スルトルの支配するムスペルヘイム。

八、ヘルが支配する死人の国、ヘルあるいはニブルヘル。

九、雪と氷におおわれた極北の世界ニブルヘイム。八と九の世界は続いているらしく、あまり区別がつきません。

アサ神族とヴァナ神族の争い

前の節でちょっとふれたアサ神族とヴァナ神族の争いについて、くわしく語っているのは『ユングリング家のサガ』というものです。これは『エッダ』と同じく、アイスランドの大学者スノリが書いたもので、北欧の『古事記』というべき神話時代を描いた歴史書ですが、『エッダ』の書き方とはかなりちがっています。

タナクヴィスル（ドン川の古名）の東のアジアに、アサランドという国があり、その都はアスガルドと呼ばれて、オーディンがそこの首領でした。かれは強大な戦士で、また魔法にたけ、多くの国を征服しました。あるときかれは、タナクヴィスル河畔のヴァナヘイムに攻めこみましたが、相手もよく防いで戦い、戦いは勝ったり負けたりで勝敗がつきませんでした。最後には両方とも戦争にあきてしまい、たがいに人質を出しあって和平を結ぶにいたりました。ヴァナヘイムでは、〈富める〉ニヨルドとその息子フレイを送ってよこし、アスガルドからはヘニールと知恵者のミーミルを先方へ送りました。オーディンはニヨルドとフレイを犠牲祭（神々を喜ばすために動物や時には人間を殺して、その血を神像に塗ったりする祭り）の司祭にしました。こうしてかれらはアスガルドの神々の仲間となりました。ニヨルドの娘で、フレイと双子のフレイヤ女神もいっしょに来て、ヴァナヘイムで用いられる魔法をはじめてアスガルドに教えました。

他方、ヴァナヘイムにおもむいたヘニールは、さっそく同地の首領におされましたが、かれは見かけは堂々としていたのですが、頭の回転が鈍かったとみえて、相棒のミーミルがいない時は、はかばかしい返事ができませんでした。そこでヴァナヘイムの人びとはアスガルドの連中に欺かれたと思い、腹いせにミーミルの首をはねて、その頭をアスガルドに送りつけました。オーディンはその頭に薬草を塗り、まじないを唱えて腐らぬようにして、ことあるごとにこの頭と相談したというのです。

二つの神族の争いのこと、その結果としてニヨルドたちがアスガルドに来て仲間に加わったことは、これでわかるでしょう。ただしヴァナヘイムのことは、それきりどこにも出てこず、そこにほかにどんな神がおり、かれらがどんな生活をしているかは、わかりません。ただアスガルドに来たニヨルド、フレイ、フレイヤたちの性質から見て、かれらが豊作や愛情をつかさどる神で、本来のアスガルドの戦士めいた神とは、かなりちがうことがわかります。

たとえばフレイヤ女神は、兄妹でありながら兄のフレイと結婚したとか、アスガルドのすべての神と関係があり、巨人や小人からも求婚されたとかいわれたほどで、少し性的にだらしない点がありますが、これは愛情と豊作の女神としては、やむをえないことかもしれません。

ところで、このアサ神族とヴァナ神族の争いには、一つのおもしろい話がついています。両方の神々は、こうして結んだ平和の記念に、みんなで一つの器のところに歩みよって、めいめいその中につばを吐きこみ、そのつばから一人の人間を作ったのです。

この男はクワシールと呼ばれましたが、たいそう賢くて、どんな質問にも答えることができました。かれはその豊かな知識を人間に分けあたえるために、旅をして回りました。

ところが、あるときクワシールがフィヤラールとガラールという二人の小人の家を訪れると、小人たちはかれの豊かな知識をねたみ、かれをひそかに殺してしまい、神神にはこう告げたのでした――クワシールは自分の知識で窒息してしまったのだ、と。

そして小人たちは、クワシールの血を三つの容器にしぼり入れ、その血に蜜をまぜて酒をかもしたのですが、この蜜酒を飲んだ者は、だれでも詩人や学者になれたのだ、といわれます。

ところで、やがてギリングという巨人が、このめずらしい霊酒のことを聞きこんで、遊びに来ました。しかし邪悪な小人たちは、巨人を海へ誘い出しておいて、いきなり船を転覆させてギリングを殺してしまったばかりでなく、いなくなった夫を探しに来た巨人の妻まで、あんまりうるさく泣くというので、やっぱり殺してしまったのです。

これを知って怒ったのが、ギリングの息子だか甥《おい》だかの巨人スッツングでした。かれはつかつかと小人たちの家にやってくると、いきなりフィヤラールとガラールをつまみ上げて、じゃぶじゃぶと海の深みまで入ってゆき、そこにあった、満ち潮の時には波の下に沈む岩礁の上にのせると、そのまま引き返そうとしました。潮が満ちてきたら、小人たちはひとたまりもなく波にさらわれて死ぬしかありません。かれらは必死で命乞いをして、もし命を助けてくれればどんなお礼でもするというのでした。

結局小人たちは、それを飲めば詩人になれるという貴重な霊酒を提供することで、スッツングの許しをとりつけることができました。こうしてスッツングは、三つの器に満たした霊酒を小人から取り上げて、自分の住むフニット山にもどり、それを山の洞窟に大切に隠して、だれにも盗まれぬように、娘のグンレッドに厳重に見張らせたのでした。

オーディン神の霊酒盗み

しかし、このことを知ったオーディンは、何としてでもスッツングの秘蔵するこの霊酒を手に入れたいと考えました。もともとこの酒は、神々の吐きこんだつばから生まれた賢者クワシールの血に蜜をまぜてかもしたものです。それを巨人ごときに独占させておくことはできません。かれはそれを奪ってきて、他の神々とともに味わって、詩が自在につくれるようになりたいと思ったのでした。

かれはまずスッツングの兄弟のバウギのところをめざしました。途中まで来ると、そこの原っぱでバウギの九人の下男が乾草《ほしくさ》刈りをしているのに出あいました。オーディンが見るともなく見ていると、下男たちの鎌はいかにもなまくらで、草がよく刈れません。見かねてかれが、かれらの鎌を自分の砥石《といし》でといでやると、それがすばらしく切れるようになったため、下男たちは争ってその砥石をほしがりました。オーディンは一計を案じて砥石を高く空に投げ上げて、これを拾った者にやるといいました。みなは砥石が落ちる所にかけつけて奪い合い、たがいに切り合って九人とも死んでしまいました。それからかれはボルウェルク（悪をなす者）と名のってバウギの家にいきました。するとバウギは、下男が急にみな死んでしまい、いそがしい収穫期を前にどうしたらいいかわからぬといってなげいていますので、オーディンは、そんなら自分が下男として働いて九人分の仕事をするから、夏が終わったら、仕事のお礼としてあなたの兄弟のスッツングが大事にしている蜜酒を、一口飲ませてくれるようにはからってくれといいました。バウギは、兄貴はあれをひどく大切にしていてだれにも飲ませないのだが、おまえが下男の仕事をうまく片づけてくれたら、なんとかたのんでみよう、と答えました。

収穫も無事にすんで冬の第一日になると、さっそくボルウェルクは約束を果たしてくれとせまりました。バウギはオーディンをつれてスッツングを訪ね、この男に一口霊酒を飲ませてくれとたのんだところ、相手はにべもなくそれを断りました。それでは計略で手に入れるだけだといって、オーディンは一本の錐《きり》をとり出して、これで山に穴をあけてくれと、バウギにいい、穴があくと、蛇に身を変えてもぐりこみました。バウギは錐を穴に突きさしてかれを殺そうとしましたが、オーディンがすばやく向こう側へぬけたので、間に合いませんでした。かれはスッツングの娘にうまく取り入って、三晩彼女と寝床を共にしました。すると娘グンレッドはすっかりオーディンが好きになってしまい、三つの容器の霊酒を一口ずつ飲むことを許してくれました。オー

オーディンを追うスッツング（18世紀の写本）

ディンは三口で酒を残らず飲みほすと、一羽の鷲になって飛んで逃げ出しました。それを見つけたスッツングが、自分も大鷲になって猛然とオーディンを追いかけました。オーディンは大急ぎでアスガルドの城壁を飛び越えて、神々がそこに並べた壺《つぼ》の中に霊酒を吐きだしますが、スッツングがすぐ後にせまっていたため、あわてて一部を壺の外にこぼしてしまいました。この外にこぼれた分は、だれでも飲みたい者は飲むことができて、〈えせ詩人の分け前〉と呼ばれたのだそうです。

アスガルドの建物と神々

では、神々の国アスガルドとはどんな所で、そこにはどんな神々がいるのでしょうか。『エッダ』には次のように書かれています。

「神々の最初の仕事は、神殿を作ることでした。その神殿には、万物の父（オーディンのこと）のすわる高い座席のほかに十二の席がありました。この神殿は世界で一番りっぱな大きい建物で、〈喜びの家〉と呼ばれ、内も外も金色に輝いていました。みなはもう一つ館を作りましたが、これは女神たちの神殿で、たいそう美しく、ヴィンゴルブと呼ばれました。次に神々は鍛冶場をおいて、槌《つち》やハサミや金敷を作り、ついでほかのすべての道具を作りました。続いてまた金属や石や木を加工しましたが、黄金がじつに豊富だったので、家庭の道具も馬具もすべて黄金作りでした。だからこれを黄金時代と呼んでいいでしょう」

この神殿にオーディンの玉座のほか十二の席があったというのは、主な神がオーディンのほかに十二人いたということでしょう。しかし神話に出てくる神はもう少し多いので、あとから加わった神もあるのでしょう。オーディンを別格に、トール、チュール、バルドル、ニヨルド、フレイ、ブラギ、ヘイムダル、ウル、ヘズル、フォルセティ、ロキ、オードで十二人、ほかにオーディンの兄弟のヴィリとヴェーがいましたし、ヴィダルとヴァリも数えられます。

女神の方も同じほどいたはずですが、神話で活躍するのは、オーディンの妻のフリッグ（古くはフリーアと呼ばれました）、フレイと双子の兄妹とされたフレイヤ、トールの妻の金髪自慢のシフ、若返りのリンゴをもつイドゥン、スウェーデンから大地を鋤《す》き取ってきてシェーラン島をつくったというゲブン（ゲフィオン）くらいで、他のフラー、サーガ、エイル、スノトラなどは、ただ名まえが知られるだけです。

そしてこれらの男女の神は、さきにのべた共同の神殿のほかに、めいめい自分のりっぱな館をもっていましたから、アスガルドのながめはとてもきらびやかなものでした。

しかし、アスガルドで最も注目される建物といえば、おそらくワルハル宮でしょう。これはオーディンが、戦場で倒れた戦死者を迎え取る建物で、五百四十の扉があり、その扉口からは一度に八百人ずつの戦士が出入りできるほど堂々たるものなのです。

ワルハル宮（17 世紀の写本）

地上で戦いがあると、オーディンは侍女のワルキュリエを派遣して、名誉の戦死者をこの宮殿に運ばせ、いつか来る巨人や魔物との決戦にそなえて、かれらをご馳走《ちそう》や酒でもてなす一方で、熱心に武技をきたえさせるのです。

アインヘリヤルと呼ばれるこの勇士たちは、朝が来るごとに庭に出て戦い合います。しかし夕方になると、戦いで死んだ者もみな生き返って、ワルハルの大広間にもどり、ワルキュリエたちの給仕で食卓につきます。酒はユグドラシルの枝の間にいるヘイドルンという牝山羊《めすやぎ》がいくらでも出すので、あきるほど飲むことができます。肉はセーフリムニルという大イノシシを殺して用いるのですが、このイノシシは夜ごとに生き返るため、いくら食べてもつきることがありません。こうして勇士たちは、翌日はまた新しい戦いをして、ラグナレクという決戦の日が来るまで、永遠に戦いをくり返しているのだそうです。

このワルハル宮での生活は、豪勢ではあっても、ずいぶん殺風景で陰惨なものに見えますが、こんなのが北欧の男たちのあこがれる理想郷だったのでしょう。

Ⅱ　オーディンの神話

知識と詩の神

オーディンは北欧神話の主神として、広く認められています。かれがゲルマン族の間で最も尊重された神の一人で、ローマ神話のメルクリウス（マーキュリイ）とみなされていたことは、一世紀のタキトスがすでに述べました。週の第四日は古くこの神にちなんで「マーキュリイの日」と呼ばれましたが、それがゲルマン族の間では「オーディンの日」に移されて、広く用いられています。オーディンとは狂う、激怒するといった意味です。

しかし、オーディンが最も恐れられて、人間の犠牲《いけにえ》までささげられた神であることは、タキトスの記述からも理解できますが、かれが最高位の神だということは、どこにもいわれていません。

また北欧第一の聖所だったウプサラの神殿には、三人の神の像が立っていましたが、真ん中を占めている一番大きい像はトール、その左右にオーディンとフレイ神がはべっていたといいます。そんなオーディンが最高神と認められるようになったのは、詩人たちがかれをほめたたえたことにより、ことにスノリの『エッダ』が広く読まれてからではないかと思われます。かれらがそうしたのは、オーディンがさまざまの性質をもつ中にも、詩をこの世にもたらした神であり、ルーネ文字を発見した神とされるからでしょう。

とにかくスノリにおいてはオーディンは、聖書のエホバのような存在にまで高められています。

「かれはあらゆる時代を通じて生き、かれの王国全体を支配して、あらゆる大小の事物を統率している。かれは大地と天空と、その中に住む万物をつくった。……しかしその最大の功績は、かれが人間を創造して、その肉体が腐って土に帰り、あるいは焼かれて灰になっても、生き続けて滅びることのない魂を、かれに与えたことだ」云々。詩人であり、またキリスト教徒だったかれは、意識してか無意識にか、オーディンの地位を高め、かれを最高神にまで持ち上げたのでしょう。

かれはとにかく複雑な性格の持ち主で、多面的な働きをし、それに応じてじつに数多くの呼び名あるいは変名をもつ神です。それらを整理してみると、まず四つの性格が目につきます。一、詩と知識の神、二、戦いの神、三、死者と深い関係をもつ神、四、魔法と変身術にたけた神ということです。他に女たらしの面や、旅行者としての面があり、マーキュリイのように商業や貿易の守護神の性質もあるようです（船荷の神と呼ばれることがあります）が、それらは上記の四つの性格のいずれかから出ているものと見てよいでしょう。かれはまたサクソン族やゴート族とはことに関係が深いらしく、サクソンの神、ゴートの神と呼ばれています。

知識に渇いたかれが、ミーミルの泉の水を一口飲みたいばかりに、片目をそこへ投げこんで水を飲ましてもらった神話は、さきに述べました。「片目の神あるいは男」「広いつばの帽子をかぶった男」などのあだ名は、そこから来たものです。

またかれの肩には二羽の大ガラスがとまっていて、朝になると飛び立ち、夕方には帰ってきて自分の見聞したことを主人に告げます。それでかれは、いながらにして世界中のことを知るのです。

さきにも述べたように、かれはまた、ルーネ文字を発見したとされています。

わしは覚えている――

風吹きさらす木に、九夜の間、槍《やり》で傷つけられて、
オーディン、わし自身にわが身をささげて、
だれもどんな根から生えているかを知らぬ木に、
吊《つ》り下がっていたのを。
わしはパンも角の杯もさし出してもらえず、
下をうかがって、ルーネ文字をつかんだ。
わしはうめきながらそれをつかんで、木から落ちた（『高き者の歌』）

つかんだというからには、文字は文字盤にでも刻みつけてあったものでしょうか。ここの詩の意味ははっきりしませんが、とにかくオーディンが自分自身をささげて木に（たぶんユグドラシルの木に）絞首刑にでもなったような形でぶら下がり、自分で自分を槍で刺す苦痛の中に、それを発見したというのでしょう。そこでかれは、「吊るされた者の神」「絞首台の主」などとも呼ばれ、宇宙樹はユグドラシルと名づけられることになったらしいのです。

オーディンにシベリアなどのシャーマン（精霊と交感できる人）のきびしい修行を連想して、オーディンを一種のシャーマンと見る見方もあって、それはおそらく正し

い見方だと思います。

とにかくかれは、こうした苦しい修行によって、魔法の文字を知り、知恵と力を増すのです。先の詩句に続いては、かれが有名な巨人ボルトール――オーディンの母べストラの父とあるから、オーディンにとっては外祖父にあたる者――から九つの古歌を教わったり、それを飲むと自由に詩が作れるというオドレリールの霊酒を飲んで、そのために、知識豊かになり、栄えたこと、ことばがことばを生み、行為が行為を生むようになったことが歌われています。

この霊酒をいかにしてオーディンが手に入れたかは、さきに述べました。

戦いの神として

オーディンは戦いの神としても有名で、〈戦いの父〉〈勝利の神〉〈軍の指揮者〉などと呼ばれ、戦いは〈オーディンの嵐または怒り〉、剣は〈オーディンの火〉などと呼ばれます。かれの武器はグングニールという槍《やり》で、戦いの開始にあたっては敵の頭上にこれを投げるのが、戦闘開始の合図になります。それでかれは〈槍の持ち主〉とも呼ばれますが、地上の勇士もかれにならって、戦いの前には敵陣に槍を投げて、「おまえらをみなオーディンにささげるぞ」とさけぶ例がしばしば見られます。

しかしかれは、トールのように実際に敵と戦うことはほとんどありません。最後に狼《おおかみ》フェンリルと戦うと、たちまちのみこまれてしまうのです。

かれが戦いの神であるのは、戦いの勇気をかきたてたり、平和な両者の間にわざと争いの種をまいたり、特殊な戦術を教えたりすることによるのであり、他方敵の武器をなまくらにするとか、まじないで敵を動けなくするとかで、敵を敗北に導くのです。そういうかれには、英雄というよりも知謀の士、ことに魔術者のおもかげが濃いでしょう。

『ユングリング家のサガ』には次のように書かれています。

「オーディンは強大な戦士で、また遠く旅して歩き、多くの国を征服した。かれはすばらしく勝運に恵まれ、いかなる戦いでも勝利を占めた。そこでかれの部下たちは、かれはどんな戦いにも必ず勝利を占めるものと信じるにいたった。かれが部下を戦いあるいは何かの遠征に送り出す時には、まずその手をかれらの頭にのせて、かれらの上に祝福をよびおろす慣わしであった。すると、かれらはかれらの企てが成功することを信じた。また部下たちは、陸上でも海上でも危険に陥るたびにかれの名を呼んだが、そうするとつねに救いが得られるものと思ったものだ」

ここにも魔術者のおもかげが見えますが、それにつけて思い起こされるのは、〈狂暴戦士〉ベルセルカーのことです。かれらはオーディンから特別の祝福を受けた戦士らしく、戦いにあたっては武具も武器も身につけずに狂ったようになって奮戦し、敵の武器によって傷を受けることなく、火の上でも平気で踏むことができ、最後には敵の喉笛に食いついてでも相手を倒すとされています。ベルセルカーとは、熊のシャツを着た人の意味らしく、そのまま熊あるいは狼に変身しているのだと信じられました。かれらは北欧に多い〈人狼〉〈熊の皮を着た男〉の昔話の、古い形を示すものでしょう。

ところでオーディンは、偉大で恐れられた神ではあるけれど、非難がないわけではありません。その非難される点は、二つあると思います。一つは、かれがえこひいきをして、それだけの資格のない者にしばしば勝利を与える点であり、二つは、戦いをのぞむあまり、平和に暮らしている親族や親友の間にも不和をかきたてて、無用の戦いをひき起こす点です。

一の点は、海神エーギルの館の祝宴で、ロキがあまりに神々に対して悪口雑言を並べるので、オーディンがそれを制止しようとすると、反対にロキに罵倒される場面にはっきりと示されています――

「黙れ、オーディン、勝利を人間に公平に分けてやることもできぬくせに。おまえは勝利を与えるべきでない臆病者にも、よく勝利を与えたではないか」(『ロキの口論』)

オーディンはそれに対して正面から反駁《はんばく》することができません。結局ロキを沈黙させるのは、トールです。

このオーディンの不公平さ、えこひいきは、詩やサガでもしばしば問題にされています。二、三の例をあげれば、デンマークのフレードラ（レイレ）に都を定め、北国第一の名君との名をほしいままにしたロルブ・クラキ王が、オーディンにささげものをしなかったため、かれに従属していた輩下の小王に襲われ、館で部下とともに全滅したのは、その代表的な一つです。そのとき部下の剛勇ビャルキはつぶやきます、「ここでわれわれに立ち向かっているのは、たしかにあの腹黒い不実者オーディンにちがいないぞ」（『ロルブ・クラキとベズワル・ビャルキのサガ』）。

エッダ詩の『シグルドリヴァの歌』では、ワルキュリエのシグルドリヴァ（かのじょは『ニーベルンゲンの歌』のブリュンヒルドにあたる）は、オーディンが勝利を与えようとした王にでなく、若いアグナルに勝利を与えたことで憎まれ、〈眠りのとげ〉で刺されて、炎に包まれた山上で眠らされます。英雄シグルドが炎の垣を越えて、かのじょを助け出したのでした。

サクソの書いた『ゲスタ・ダノルム』でも、オーディンは信頼できぬ性質を示しています。デンマークの〈戦いの歯〉のハラルド王は、オーディンのお気に入りで、かれから、〈くさび形〉の戦列を敷くことを教えられ、百戦百勝でした。オーディンはかれに決して戦いで傷を受けさせぬことを約束し、代わりに王は切り殺した敵のすべてをかれにささげることを誓っています。しかし、やがてオーディンのひいきは、かれの甥《おい》のリング王に移り、この王にも〈くさび形〉の戦闘隊形を教えます。オーディンはこの二人の、縁者でもある親友どうしを、たがいに自慢し合わせることで仲たがいさせ、ついにブローバラで決戦させるにいたります。戦場に臨んだハラルドは、敵がくさび形隊形をとるのを見て、オーディンの愛がリング王に移ったのを知りますが、戦いで倒れた者はすべてかれにささげることを誓って、もう一度だけデンマーク軍に勝利を与えてくれとたのみます。しかし、ハラルド王の戦車の馭者《ぎょしゃ》に変装していたオーディンは、それに耳をかさず、王を戦車から突き落として、自分自身の刀に刺されて死なせてしまうのでした(『ゲスタ・ダノルム』)。

この話になると、さきに二としていった、親友や親族の間にさえ好んで不和をかきたてるオーディンの性質が、すでにはっきりと現れています。

また別の話では、はっきりと「オーディン一人が、すべての悪をひき起こす。彼は親族の間にさえ敵意をかきたてるのだ」とさえいわれています。

では、なぜオーディンはこれほど不和と戦いを王侯の間にひき起こし、しばしば不当な勝利をその資格のない者に与えるのでしょうか。

その答えは、ある意味では古詩の中にすでに与えられています。たとえば、ノルウェーの有名な〈血斧《ちおの》のエリク〉(ハラルド美髪王の子。自分の兄弟を幾人も殺して王位についたのでこんなあだ名がついた）が戦いで倒れてまもなくできた『エリクの歌』にはいわれています――ワルハル宮に迎えられているある人物が、オーディンに問いただして、「たくましい戦士と私の考えるあのエリク王を、なぜ死なせたのか」とききます。すると、オーディンは答えます、「灰色の狼どもがいつ神々を襲うかわからないからな」と。その意味は、いつ神々と魔軍の決戦の時が来るかわからぬから、オーディンはせっせと人間の勇士をワルハル宮に迎え取って、戦いにそなえる必要があるというのです。そしてそのためには、弱虫の数がふえても何にもならぬので、できるだけたくましい戦士を死なせて、それを迎え取らなくてはなりません。そこで、身内の者だろうが何だろうが、力ある首領たちを争わせて、真の英雄をワルハルに迎える必要がある、というのでしょう。

ゲルマン人はたしかに武勇を尊び好戦的ではあったにしても、古い時代は、一族の宗家あるいはその地方への最初の移住者などを中心にして、多少とも自給自足的な農村共同体的小国家をなし、比較的に安定した平和な生活を営んでいたにちがいありません。九世紀にハラルド美髪王がノルウェー統一に乗り出した当時は、そんな小国家がノルウェーの南部だけで三十あまりあったといいます。それがハラルドの国家統一の野望によって、対立抗争がまき起こり、敗れた各地の豪族や小王は、王に従うのでなければ、バイキングとなって海外に活路を求めるか、アイスランドのような新天地に移住するしかありませんでした。他方、勝利したハラルド王の富と権力は急速に大きくなり、豪勢な宮廷を築き、有能な詩人を召し抱えて自己の功績を讃《たた》えさせることも可能になりました。かれの宮廷には、つねに四、五人の詩人がいたとされ、その詩もかなり残っています。

この王は、オーディンを始祖とするユングリング家の末裔《まつえい》として、おそらくはオーディンの熱烈な崇拝者だったのでしょう。また、古い秩序がくずれかけた英雄時代＝バイキング時代に生まれた英雄として、一族のよしみや隣人との平和などは大して気にかけることなく、時にははかりごとを用いることも辞さず、ひたすらに自己の権力と栄誉を追求する個人主義者だったのでしょう。

オーディンという神には、最初からそういう英雄の要求に応じるものがあったのでしょうが、こういう英雄時代を反映して、かれの像は浮かびあがり、地位も大いに高まったのにちがいありません。そこで、古い戦いの神であるチュール――かれはローマの軍隊に雇われていたゲルマン人がこの神にささげた碑に〈民会のマルス〉とあるように、法的決定、正義を重んじる神で、約束を守って狼フェンリルの口に片手をつっこんで、それを食い切られたりしています――や、剛勇ではあっても粗野で愚直なところのあったトールを押しのけて、北欧神話の主神にまで成り上がっていったのかと思われます。

この点でおもしろいのは、かれの語録を集めたとされる『高き者（オーディンの別名）の歌』（ハヴァマール）です。それは共同体的な意識のほとんど何物も示さず、徹底的に現実主義的個人主義的な色合いのもので、一定の土地に土着して愛と信義をもって隣人と平和に共存している人間とは大いに異なって、獲物を求め、名誉や知識に飢えて、つねにさすらっている人間の意識を反映しています。その中からいくつか格言を引いてみましょう――

広く旅をし、方々をめぐった者だけが、人間はだれでも分別を舵《かじ》に世を渡っていることを知る。そういう者こそ分別をそなえた知恵者だ。

野に出たら、武器のあるところから一歩も離れるな。いつなんどき、外では武器の必要があるかわからぬゆえに。

信頼できぬ友をもちながら、かれからよいことを期待しようと思うなら、口先だけきれいごとをいって、心では欺き、ごまかしにはごまかしで報いるべし。

他人の財産や生命を奪おうと思う者は、早起きせねばならぬ。横になっている狼はもも肉を手には入れられぬ。寝ている人間は勝利を手に入れることはできぬ。

財産は滅び、身内の者も死に絶え、自分自身もやがては死ぬ。だが決して滅びないのが、自らの得た名声だ。

女の愛を得んとする者は、きれいごとをいって贈り物をし、女の美しさをほめよ。

お世辞をいう者は首尾よくいく。


もちろん、これらがオーディンの語ったことばであるわけがありません。それにしても、これらが〈オーディンの箴言《しんげん》〉（格言）とされているところに、この神の性格があらわれています。それはいわば根こぎにされた人間の、かなりすれっからしの心情を見せています。バイキング時代の人間はそういうところのある人間だったようです。オーディン像はそういう心情によってかたどられたかと思われます。

亡霊の王、魔法の父

オーディンは死とも深い関係があります。この点では、たしかにかれはマーキュリイになぞらえていいと思います。マーキュリイ（ギリシア神話でいえばヘルメス）の大切な役割に、商業や知識の守護神であるほかに、死者の魂を死後の世界に運ぶことがあります。オーディンは戦場で死者をきめ、死んだ戦士をワルキュリエに運ばせて、自分のワルハル宮に迎え取ります。そこで〈戦死者の神〉〈戦死者を選ぶ人〉などといわれ、さらに〈亡霊の王〉とされ、死ぬことを「オーディンのもとへ行く」などといいます。息子バルドルが死におびやかされた時は、かれは死者の国までようすを探りに下って行き、そこで死んでいる巫女《みこ》をよびさまして対話もしています。かれは死者をよびさますことができたのです。それには、ルーネ文字を刻んだ木を、死者の舌の下にさしこんだのだといいます。

かれがこのように死の世界に通じ、自由にそこに出入りすることができたのは、おそらくかれが自ら槍《やり》で傷つけて、ユグドラシルの木に吊《つ》り下がったことと無縁ではないでしょう。かれは自分で死の国に赴いて、その秘密を手に入れたのです。そこで一般に死者の神とされ、とりわけ〈絞首台の主〉とか、〈吊り下げられた神〉とか呼ばれるのです。

ここから一歩すすめれば、たぶん異教の信仰が衰えた時は、オーディンそのものが一個の亡霊ないし亡霊の親分になるにちがいありません。とにかく、かれが後には亡霊と思われたのはたしかで、十三世紀ごろから記録が見え、いまも全ゲルマン世界で知られる「荒々しき猟師」「狂える軍隊」と呼ばれる現象は、オーディンが亡霊群や猟犬を率いて空を渡ってゆくのだと考えられ、〈オーディンの渡り〉とか〈オーディンの狩り〉とされます。かれらが騒がしい音をたてて空を飛んでゆくのを目撃したり道で出あったりした者には、とんでもない危害が加えられます。その首領はつばの広い帽子をかぶり、白か黒の馬に乗っているのです。かれらは主にクリスマスの時期にあらわれますが、春分や秋分のころにもあらわれます。これは季節の暴風なのでしょうが、オーディンそのものが死者の魂を運ぶ風でもあるらしいのです。さきにオーディンの名のウォードが「狂気」と考えられていることをいいましたが、インド・ゲルマン語の「吹く」から来るとする説もあり、とにかく風に関係がある神らしいのです。彼が〈さすらう者〉〈騒がしい男〉〈遠く旅する者〉などと呼ばれるのは、その本質が風だからとも考えられます。

また、かれが部下の頭に手を置いて、狂的な戦いの勇気を吹きこむことや、敵の武器をなまくらにしたり、体が自由に動かぬようにすること、さらには死者をよみがえらせえたことは、一口にいえば魔法にたけていたことです。かれはよく、自分のお気に入りであるカラスや狼《おおかみ》に身を変えましたが、このほかどんなものにも姿を変えることができたといいます。グンレッドのもとへ霊酒を盗みに行った時は、蛇に身を変えて行き、逃げだす時には鷲《わし》になりました。この点でかれは〈魔法の父〉〈老いたる魔法使い〉〈多くの姿をもつ者〉などとも呼ばれます。

こうしたオーディンの魔法や変身術については、『ユングリング家のサガ』がいろいろと数え上げています。それによればかれは、上述したことのほかにも、ことばだけで火を消し、荒れ狂う海をしずめ、思いのままに風を吹かしたりし、また地下にある財宝のありかを知って、大地や岩山や塚を開かせる歌をも知っていたとあります。

しかし、興味があるのは、次の二つの記述でしょう。

「オーディンはしばしば姿を変えた。そんな時にはかれの体は死んだか眠っているかのように横たわっている。しかし、その間にかれは鳥か獣、魚あるいは蛇の形になって、一瞬のうちに遠い国へ行き、ほかの仕事にかかっているのだ」

これはシャーマンがいわゆるトランス状態（意識がふつうでない、仮死の状態）に陥った時のようすに、大変似ています。「かれはまた最大の偉力をもつ術を知り、また用いた。すなわち魔法であり、これによって人びとの運命と未来を知ることができ、また人びとの上に死や不幸や病気をもたらしたり、ある者からその力と知識を奪って、これを他に与えたりした。しかし、そういう魔法の後ではひどい衰弱が起こったので、男たちがそれを用いるのは恥だと考えられ、こうした魔法は女司祭に委ねられることになった」

これは魔法にもいろいろとあって、ふつうにいわれるまじないなどのほかに、一段と深刻な、おそらくは他人に危害を与えるための魔法があったことを示しています。この魔法は、最初ヴァナ神族のフレイヤ女神がアスガルドにもたらしたものとされ、オーディンもこれを学びましたが、それがひどい衰弱をもたらすものなので、結局は女神たちにまかせたとされています。

ただし、これらの魔法の区別をすることは困難だし、ここではその必要もないので、いまはこれだけにしておきます。

オーディンはこれらの魔法によって（もちろんそれだけによってではありませんが）、敵を倒したりもしましたが、女をもまたいいくるめて自在にあつかっています。それは詩の蜜酒をグンレッドのもとから盗む時にも見られましたが、もう一つ例を引いておきましょう——

愛児バルドルが殺されたあと、どうしたら息子の仇《あだ》がうてるかと、かれが神々や予言者に相談すると、ある予言者がいった——ルテニア王の娘リンダが、かれのために息子を産めば、その子が仇をうってくれると。オーディンは兵隊に身を変えて王に仕え、王には重用されるが、リンダは相手にしない。翌年は、こんどは鍛冶の名人として訪れて、王とリンダのためにさまざまの宝を作ってやるが、リンダはやはりかれの求愛を拒む。無理やりにキスしようとするが、つきのけられる。そこでオーディンが、ルーネ文字を書いた木の皮をかのじょの口にさしこむと、女は狂乱する。かれは医療にくわしい女に化けてリンダに近づいて、ついに望みをとげる。こうして息子ヴァリが誕生、バルドルの仇をうつのである（『ゲスタ・ダノルム』）。

以上を総合して考えてみると、オーディンには至高神としての品位が欠けているように思われます。ただ、複雑で気心の知れない、魔法と変身術にたけ、死に深い関係をもった、恐ろしい神であるのはたしかでしょう。

Ⅲ　雷神トールと巨人の戦い

トールとフルングニール

トールは北欧の神々のなかで、ずばぬけて力が強く、たくましい神です。体は山のように大きく、顔いちめんにぼうぼうと赤いひげをはやしているとされ、そのためによく〈赤ひげ〉と呼ばれます。かれがこのひげのなかに息を吹きこむと、たちまち嵐が起こるのだといい、声は雷のように大きく、目は稲妻がひらめくようで、それでにらまれたら、人間はもとより、巨人やトロルなどの魔物も、ふるえあがってしまうほどです。

かれが外へ出かける時は、よく二頭のたくましい山羊《やぎ》がひく車にのって行きますが、その車はすさまじい音をたてます。それがつまり雷鳴だとされ、いまでも北欧の人びとは、雷が鳴ると、トール神が車で出かけるのだといったりします。だからこの神はよく〈車のトール〉とも呼ばれます。

巨人と戦うトール（Mårten Eskil Winge 画）

かれは手に一つの鉄の槌《つち》を握っています。これは鍛冶の名人のシンドリという小人が作ったもので、〈ミョルニルの槌〉と呼ばれますが、〈粉砕するもの〉という名のとおり、すばらしい破壊力をもっています。これでなぐりつけると、一撃でどんな相手をも倒すことができますが、手がとどかない場合は、投げつければ、槌はどんな遠くへでも飛んでいって相手を倒し、しかもまたひとりでにトールの手もとにとび返ってくるのです。

だから、さまざまの敵と戦わねばならなかった北欧の神々にとって、これは第一の武器であり、宝物でした。トールがこれをふりあげると、巨人もトロルも、青くなって警戒するのでした。

こう述べてきただけで、トールが雷の神であることがわかったでしょう。かれが槌を投げるのは、つまり落雷現象をあらわしたものなのです。かれと同じに、雷・嵐（夕立）という自然現象から昇華して神とされたと見られるものに、たとえばインドのインドラ神がいます。インドラが雷光を投げつけて、川をせきとめて乾上《ひあ》がらせていた悪竜を退治し、水を野に通したように、トールもその鉄槌《てっつい》をふるって巨人たちを倒し、神々を守り、人間を守護したのです。そこでかれは、〈あらゆる神の首領〉〈国土の神〉〈巨人殺し〉〈人間の友〉そのほかいろいろの名でたたえられています。

こわい神、そして怒りっぽい神ではありましたが、じきに機嫌を直しました。雷が鳴り、雨がふりそそいだあとは、たちまちに晴れ、大地がうるおい、草木が芽ぐみ、人も動物も生き返った思いをします。だからかれが、この世界の守り神とされたのも、ふしぎではありません。ことに、大地を耕して穀物を生産する農民にとっては、かれはもっとも頼りにされる神でした。

かれの母がヨルド（大地という意味）とされ、妻のシフが金色のふさふさした髪をしているというのも、トールが農民の神であるのにふさわしいことです。シフが誇りにしている金髪は、畑にみのった麦の穂をあらわすものと、多くの学者が解釈しています。他方、かれの父はふつうオーディンだとされていますが、トールの方がより古い、格の高い神らしい証拠もいろいろとあり、オーディンの子というのはあまり信じられません。性質もまるでちがうし、なにか敵どうしのように、二人で争っている詩や物語も伝えられています。

さて、北欧神話を最もまとまった形で伝える新旧両『エッダ』に描かれた、トールと巨人との戦いないし腕くらべは、次の六つ或いは七つです。
一、フルングニールという巨人中で最も強い相手を決闘で倒した話。
二、ゲイルロッドのもとへ槌ももたずに出かけて、この巨人の娘二人の背骨をくじき、巨人を倒した話。
三、大釜をもつヒュミルという巨人を訪ねてのさまざまな冒険。
四、眠っている間にスリュムという巨人にだいじな槌を盗まれたのを、フレイヤ女神に変装して行って取りもどした話。
五、堅固な城壁を作ってやるといって、アスガルドに入りこんできた巨人の石工を打ち殺した話。
六、巨人を打ち殺したのではないが、かれらの国へロキ神や従者のシアルフィとともに訪ねていって、腕くらべをする話。
七、もう一つ、巨人が相手ではないが、賢いことで知られるアルヴィスという小人を欺いて、これを石にしてしまう話を加えてもいいでしょう。
スカルド詩（九世紀のころから神や王侯をたたえて作られはじめた技巧的な詩）やサ

ガを見ると、トールはもっと多くの巨人や魔物と戦っているのですが、それらの話のくわしいことは伝わっていません。そして最後に、神々と魔軍が一大決戦をするラグナレクの神話では、トールは魔の蛇ヨルムンガンドと戦って、これをついに倒すのですが、自分も毒気をはきかけられて死ぬとされています。

これらのトールの神話のうち、一、三、四、六を、ややくわしくたどってみましょう。

＊

トールとフルングニールの戦いは、たいそう有名なものだったらしく、北欧最初のスカルド詩人である九世紀のブラギが、その詩の中でトールを〈フルングニールの頭の粉砕者〉と呼んでいるのをはじめ、多くの詩人がこれにふれています。なかでも有名なのは、ノルウェーの統一者ハラルド美髪王の宮廷詩人シヨドルフの持っていた楯《たて》で、それにはこの戦いの場面が描かれ、それにシヨドルフがこの戦いを歌った詩を刻みつけていたのです。その中身は大体以下のとおりです。

あるときオーディン神が、かれの八本脚の名馬スレイプニルを走らせて、巨人国を通りました。巨人の中でももっとも強いといわれるフルングニールが、それを見て、

「金のかぶとをかぶって、空でも海でも自由に飛んでくるのはだれだ？　すばらしい馬に乗ってるじゃないか」とさけびました。オーディンはさけびかえしました、「これだけの馬は巨人の国にもいまい」。

するとフルングニールは、「なるほどその馬は大したものだ。だが、おれはもっと速く走るやつを持ってるぞ。〈金のたてがみ〉という馬だ」と答えざま、その馬に乗って追いかけてきました、オーディンの鼻柱を追ってやろうと考えて。

オーディンは馬を急がせて、あやういところでアスガルドに走りこみました。夢中で追いかけてきたフルングニールも、気がついた時にはもはやアスガルドの門内にとびこんでいました。ここは神聖な地域なので、巨人だからといってやたらに殺すわけにはいきません。神々はかれを招き入れて酒をすすめました。のどがかわいていた巨人は、すすめられるままにぐいぐい酒をあおっているうち、気が大きくなってホラを吹きだしました。——アスガルドにある酒を飲みほしてしまうとか、トールの妻で美しい金髪をしているシフと、美女のほまれの高いフレイヤ女神をのぞいて、神々はみんなひねりつぶしてしまい、ワルハル宮はヨツンヘイムに持っていってしまうなどと。それというのも、巨人のおそれるトール神が、たまたま留守だったからです。

神々はしまいにはうんざりして、トールを呼びたてました。トールはすぐに槌をふいでいるところへ、雷神トールがミョルニルをふりかざしてやって来ると、巨人がアスガルドに入りこみ、フレイヤのお酌で酒を飲んでいるのを見て、大いに腹を立てましたが、オーディン自身がかれを招待したのだときいては、自慢の槌をふるうわけにもいきません。

フルングニールはいいました、「武器を持たん者を殺したって、ちっともおまえの名誉にはならんよ。おれが楯と火打ち石を家に忘れてきたのは、ばかなことだった。持ってきていたら、すぐにも島の上で運だめしをするんだが」。

こういってかれは、アスガルドとヨツンヘイムの境のグリヨットナガルドで、決闘をすることを提議しました。挑戦されてひっこむようなトールではありません。

トールとフルングニールが決闘するといううわさは、巨人の間でもたいへん評判になりました。フルングニールは巨人の中でも豪傑として知られていたので、もしかれが敗れるようなことがあったら、巨人国の運命にかかわる大事件です。そこでかれらは、フルングニールの助太刀をさせようと、粘土で一人の巨人な男を作りあげました。高さが九マイル、胸はばが三マイルもある巨人です。ところが、その男の胸に入れるほど大きい心臓がみつかりません。そこで、一頭の牝馬《めうま》の心臓を取って入れたのですが、これが結局は失敗でした。牝馬の心臓をもったこの巨人は、いよいよトールが電光をひらめかし、雷鳴をとどろかしてやってくると、ぶるぶるふるえてしまったからです。

フルングニールの方は頭も心臓も石でできていて、やはり石製の大きな楯を持っていました。武器は火打ち石で、それを相手に投げつけるのです。かれは決闘の場所に来ると、その楯を前に構えて、火打ち石をいつでも相手に投げつけられるように肩の上まで持ち上げていました。

トールの方は、下男のシアルフィを連れてきました。シアルフィは先に走ってくると、フルングニールに向かってさけびました、「楯を前に突きだして立っているとは、ばかなやつだな。トールさまは、地の下からおまえを攻撃することになさったんだぞ」。

巨人はすぐさま楯を足の下に敷いて、両手で火打ち石をつかんで身構えました。そこへ雷鳴とともにトールが近づいてきて、例の槌を遠くから投げつけました。フルングニールも石を投げると、両者は空中で発止とぶつかりました。鉄の槌は火打ち石をくだいて、ねらいあやまたずフルングニールに命中し、巨人を倒しましたが、くだけた火打ち石の一片もトールの額に食いこんだため、トールもうつぶせに倒れてしまいました。しかも倒れた巨人の片足がかれの上にのっかったため、さすがのトールも身動きができません。神々がかけつけてその足をどけようとしましたが、とても動きません。

幸い、そこへトールの息子のマグニが走ってきて、生まれてからまだ三日だったのですが、父親をおさえつけている巨人の足を簡単にどけて、いったものでした、「おとう、遅れてきて悪かったね。坊が相手をしたら、こんな巨人はげんこつでたたき殺してやったのに」と。

トールは息子をほめて、フルングニールの乗馬の〈金のたてがみ〉をほうびにやりました。粘土の巨人の方は、シアルフィが片づけてしまった、ということです。

神々第一の豪傑と、巨人随一の強豪との決闘としては、あっけないような結末ですが、本来はもっと深刻なものだったでしょう。しかし、この神話を書きとめたスノリは、自分たちの祖先が信じた神々について深い共感をもっていたにしても、なんといってもすでにキリスト教時代の人でしたから、神々についての記述は、かなりつきはなしてながめたものになり、ユーモラスになる傾向がありました。それがまた『エッダ』の楽しい読物になっている点ですか。

この神話の中に粘土の巨人が出てくるのは、ちょっと理解に苦しむ点ですが、ある学者はこんなふうに考えています——このトールとフルングニールの戦いは、神話の多くがそうであるように、おそらく劇として演じられたでしょうが、その際にフルングニールを現すため粘土で巨人が作られ、トール役の神官かだれかが、これを打ち倒したのでしょう。それが後に粘土の巨人とシアルフィとして、神話そのものの中に入りこんだのだ、と。これはなかなかうまい解釈です。

なお、この神話にはおもしろい話がついています。火打ち石の破片が額に食いこんでいるトールは、頭が痛んでしかたありません。そこで家に帰ってから、グロアという巫女《みこ》をつれてきて、それを抜き取ってもらおうとしました。かのじょがまじないをとなえると、石がゆるんで抜け落ちそうになりました。うれしくなったトールは、お礼ごころにかのじょの夫のアウルヴァンディルのうわさをします――少し前、彼がヨツンヘイムから帰ってくる時に、アウルヴァンディルをかごに入れて背負って氷の川を越え、ヨツンヘイムから救い出してきた、かごからかれの足指の一本が突き出していて凍傷にかかってしまったが、その指はちぎって空に投げ上げた、それは〈アウルヴァンディルの足指〉という星になっている、まもなくかれは家にもどってくるはずだ、と。ところがグロアは、あまりうれしがったためにまじないの文句を忘れてしまい、そのためトールの額に食いこんだ火打ち石の破片は、いまもその場に残っているのだそうです。そしてこの話についても、昔のトールの像にはおそらく火打ち石がはめこんであって、それを打って神殿の聖火を点じたなごりが、こんな話になったのだろうなどと推測されています。〈アウルヴァンディルの足指〉という星は、オリオンをさすという説がありますが、たしかではありません。

ヒュミルとの冒険

ヒュミルとの冒険の神話も広く語られていたらしく、エッダ詩の『ヒュミルの歌』、スノリの書いているもの、詩人ブラギが歌っているものなどがあり、これを描いた有名な石碑がスウェーデンにあり、おもしろいことにイギリスのゴスフォースにもあります。これはバイキングとして侵入した北欧人の残したものでしょう。

『ヒュミルの歌』のあらましは以下のとおりです――

神々が猟から帰って来て、宴会を開いて大いに酒を飲もうとしましたが、十分なだけ酒をかもす大釜がありません。かれらは海神エーギル――かれはアサ神族ではなく本来は巨人族の一人です――のもとに行って、酒宴の用意をしてくれといいました。エーギルは神々にはむしろ反感をもっていたのか、神々の全員が飲めるだけの酒をかもす釜をもってきたら、引き受けてもいいと答えます。

ところが、そんな大釜はどこにもないため、神々は困ってしまいます。そのときチュール神が、自分の父親のヒュミルのところには深さが数マイルもある大釜があるといったので、トールがチュールといっしょに、この巨人のところへ出かけるのが発端です。

ヒュミルは世界のはてのエリヴァガル〈嵐の海〉の東に住んでいたので、神々ははるばるそこを訪れます。チュールの祖母は頭が九百もある巨人で、孫息子をきらっていましたが、母親は息子を喜んで迎えます。しかし、乱暴者の夫がどういう態度に出るかが心配で、とりあえず屋根の下にかけ並べてある釜のかげに二人を隠しました。やがてヒュミルは猟から帰ってきましたが、ひげにはつららがぎっしりとぶら下がって、かれが歩くたびにカチカチと鳴っています。チュールの母が「長いこと待ちこがれていた息子が来ましたよ」といって迎えますと、巨人は教えられた天井の方をキッとにらみました。その鋭い眼光に、梁《はり》は折れ、柱は砕けて、釜はガラガラと落ちてこわれましたが、一つだけは無事でした。

神々は隠れ場所から出て、巨人にあいさつしました。巨人は名高い〈巨人殺し〉のトールを見て、心おだやかではありませんでしたが、とにかく晩飯に招待しました。三頭の牛が殺されましたが、トールは一人でその二頭を平らげてしまいました。彼の

ミッドガルド蛇（17世紀の写本）

大食いには、さすがの巨人もあきれて、「明日の晩は海でとれたものを食わねばならんな」とぼやきました。トールは、「餌さえあれば、わしもいっしょに海へ行ってみよう」と答えました。

あくる日の朝、ヒュミルが釣りに出かける用意をしていると、トールが出てきて、自分もいっしょに行くが、餌はどこにあるかとききました。巨人はすげなく答えます――「家の裏の方へ行けば、何か見つかるだろうよ」と。トールが行ってみますと、大きな真っ黒い牡牛《おうし》がいました。かれはその首をねじ切って持ってきました。巨人はそれを見ていいました――「おまえが最初にやったことは、こんな悪いことだった。だが、まだまだこれから悪いことが起こるんだろうな」。

やがて二人は船を出しました。ヒュミルはいつもの釣り場まで来ると、船をとめようとしましたが、トールはもっと先まで船を進めさせました。それはおそらく、海底にひそんで世界を一巻きしているという魔の蛇ミッドガルド蛇（ヨルムンガンドともいいます）を釣り上げることが、最初からかれの目的だったのでしょう。

とにかくかれらは釣りはじめました。ヒュミルは鯨をポイポイと時には二頭もいっぺんに釣り上げます。その間にトールはしっかりと牡牛の頭を釣り針につけると、海底深く投げこみました。たちまち怪蛇が食いつきます。トールは満身の力をこめて、相手を船べりまで引き上げて、ミョルニルの槌《つち》で頭をなぐりつけました。怪物はほえ、海はとどろき、大地もぐらりとゆれます。しかし、魔の蛇は、トールの槌の一撃にも死ななかったのです。

スノリが書いている物語は、このミッドガルド蛇を釣る場面だけをあつかったものですが、詩の方はもう少しくわしく、またちがっている点もあります。トールが蛇を引っぱり上げたとき、かれは満身の力をこめて足をふんばったため、船底をふみぬいてしまいましたが、いよいよ蛇が船べりまで来た時トールが槌をふり下ろそうとすると、怖くなったヒュミルがふるえる手で釣り綱を切ったため、蛇はまた沈んでしまったというのです。それでトールが怒ってヒュミルをはりとばすと、巨人はけしとんでまっさかさまに海に落ちたとなっています。先に述べたスウェーデンやイギリスに残る像には、ミッドガルド蛇が餌にくいつき、トールの足が船をつきぬけているところが描かれています。

ところで『ヒュミルの歌』はまだ続いて、こんなふうに展開します――二人は船を返しましたが、巨人は不機嫌になってひとことも口をききません。岸につくと巨人はいいます――釣ってきた鯨を家まで運ぶか、船を片づけて小屋にしまうか、どっちかをしてくれと。トールは獲物や船底にたまった水ごと船を持ち上げて、林や谷をぬけて巨人の家まで船を運んでいきました。

それでもヒュミルはトールの実力をみとめず、「それくらいのことで自慢をしたってだめだ。おれのガラスの高坏《たかつき》がこわせんようでは、力が強いとはいえんぞ」といいました。

トールはすぐさま高坏をつかむと、石の柱にたたきつけました。しかし、柱はくだけたが高坏はなんともありません。そのとき、ヒュミルの妻が、トールにささやきます。「あの人の頭にぶつけるのよ。あの頭はどんな高坏よりも固いんだから」と。

トールは満身の力で、巨人の頭に高坏をたたきつけました。と、頭はなんともありませんでしたが、高坏はくだけて飛んでしまいました。「わしのだいじな宝がこわれてしまった」といって、ヒュミルは嘆きましたが、トールの力のほどはみとめないわけにはいきませんでした。

そこで、とうとういいました、「では大釜は持っていってもいいぞ――ただし運び出せたらの話だが」。

チュールが二度まで動かそうとしましたが、大釜はびくともしません。トールは釜のふちをつかむと、床をふみぬいてふんばって、すっぽりと頭からかぶりました。底の深い大釜は足までとどいて、かかとのあたりで釜の輪がガチャガチャ鳴りました。

こうして二人の神が、釜をかついでしばらく進んで行くと、うしろの方でさわがしい音がします。ふり返ってみますと、巨人の仲間が釜を取り返そうと追いかけてくるのでした。トールは大釜をわきにおくと、鉄槌《てっつい》をふるって片っぱしから〈荒地の鯨〉（巨人のこと）どもを退治してしまいました。こうしてトールはヒュミルの大釜を、アスガルドまで運ぶことができ、それいらい神々は、海神エーギルのもとで宴会をしても、酒に不自由することはなくなりました。

ここにはトールの巨人退治とともに、ミッドガルド蛇（ヨルムンガンド）との戦いが出てきます。この蛇は、ロキ神がアングルボダという女巨人との間にもうけた子どもの一人だとされています。オーディンはこれが後に神々に仇《あだ》をなすことを心配して、蛇をつかんで海に投げこんだのですが、かれは死ななかったばかりか、ぐんぐん大きくなって、いまは大地を一巻きして自分で自分の尾をくわえられるほどの怪物になっていたのです。当然、神々と人間の世界の守り手のトールは、かれを目のかたきにすることになります。それは最後のラグナレクの日まで続いて、このときついにトールはこの怪物を倒すのですが、かれ自身も相手のはきかけた毒にやられて死ぬとなっています。あとで述べるトールの巨人国訪問にも、この蛇は登場します。

花嫁に化けたトール

この話は『古エッダ』の中の『スリュムの歌』に歌われています。殺伐な話の多い『古エッダ』の中では、なかなかユーモラスなおもしろい話です。

ある朝目をさましたトールは、大切なミョルニルの槌《つち》がなくなっているのに気づきました。巨人と戦う時の最大の武器であるこれがなくなっては、一大事です。かれは知恵者のロキを呼んで、こうどなりました。

「ロキ、よく聞け。地上でも天上でも、まだだれも知らぬことじゃ。わしの槌が盗まれたのだぞ」

ロキにもこのことは一大事に思われました。二人はフレイヤ女神を訪ねて、かのじょの〈鷹《たか》の羽衣〉を借りて、槌のゆくえを探すことにしました。フレイヤも話をきくと、進んで羽衣を貸してくれました。ロキはその羽衣を身につけると、巨人の国をめざして飛び立ちました。

巨人の王スリュムは岡の上にすわって、馬のたてがみを切りそろえていましたが、ロキが来たのを見て、たずねました。「アサ神のところで何かあったのか、妖精のところで何かあったのか。なぜおまえはひとりで巨人の国へやって来たのか」と。

頭の鋭いロキは、この巨人が怪しいとにらんでいいました。「おまえがフロールリジ（トールの別名）の槌を隠したんだろ？」

スリュムは隠しもしないで、あっさり答えました、「フロールリジの槌は地下三万メートルのところに隠したよ。フレイヤ女神をわしの女房として連れてくるのでなければ、槌はだれにも返してやらんわい」。

そこでロキは、羽衣をはためかしてアサ神の国に引き返すと、トールと相談しました。それから二人でフレイヤを訪ねてゆき、「どうか花嫁衣裳をつけてください。これから巨人の国へ行きましょうよ」といったのです。ところがフレイヤは巨人の嫁になるのだと聞いてひどく腹を立て、鼻息を荒く吹いたため、アサ神の館は残らず震動しました。そしてかのじょはどなりました。「わたしが巨人の国へ嫁に行ったりしたら、とんだ色気ちがいにされてしまうわ」と。

アサ神たちはみなで集まり、どうやってトール神の槌を取りもどすべきか相談しましたが、よい策がありません。このときへイムダル神がいいました。

「それではトールに花嫁衣裳をきせて、スリュムのところへ連れて行こう。かれに大きなブリシングの首飾りをつけさせ、鍵束を腰に下げ、胸の上には幅広い宝石をつけ、頭のまわりをきれいに飾り立てて」

剛勇のトールはいいました、「それはごめんだ。わしが花嫁衣裳などつけたら、アサ神たちから女みたいだとからかわれるわい」。

するとロキがいいました。

「そんなことといってる場合ではないぞ、トール。あんたの槌を取りもどせなかったら、神々の国はじきに巨人どもが住む場所になるじゃないか」

そこで神々はトールにむりやり花嫁衣裳を着せ、大きなブリシングの首飾りをつけ、鍵束を下げさせて、きれいに飾りたてたのでした。そしてロキが侍女《じじょ》になり、こうして二人で巨人の国へ出かけることになったのです。

二頭の山羊《やぎ》を連れてきて、車につけました。車が走りだすと、山々はくだけ、大地は炎をあげて燃えあがりました。

トールたちが来るのを見て、巨人の王スリュムはいいました、「さあ、巨人ども、ベンチを飾り立てろ。ノアツンから、ニヨルドの娘フレイヤがおれのところへ来るんだ。この屋敷には黄金の角をした牝牛《めうし》も、真っ黒な牡牛《おうし》もいるし、宝だっていくらもある。欠けていたのはフレイヤだけだったが、それがいまわしの花嫁としてやって来るんじゃ」。

もはや夕暮れがせまっていたので、さっそく酒盛りになりました。シフの夫（トールのこと）は、ひとりで牡牛一頭、鮭《さけ》八ぴき、女たちに出された珍味のすべてを平らげ、三樽《たる》の蜜酒を飲みほしてしまいました。

さすがの巨人の王も、おどろいてさけびました、「こんな大食いで大酒飲みの花嫁をだれか見た者があるか。わしはまだ見たことがないぞ」。

前にすわっていた頭の切れる侍女、じつはロキが、すぐに答えました、「フレイヤさまは、なにしろ八夜のあいだ何も召し上がらずに巨人の国を恋こがれていられましたもの」。

スリュムは花嫁にキスしようとして衣裳の下へ身をかがめましたが、とたんに広間の隅までとびすさっていいました、「フレイヤはなんてすさまじい目をしているんだ。まるで目から火を吹いているじゃないか」。

とたんに侍女が答えました。「なにしろフレイヤさまは、巨人の国に恋こがれて、八夜のあいだ一睡もなさらなかったので」

そこへスリュムの姉が出てきて、花嫁からの贈り物をねだっていいました、「わたしに目をかけてもらいたかったら、あんたの赤い腕輪をはずして、わたしにおくれ」。すると巨人の王はいいました、「まず花嫁を祝福するために、あのミョルニルの槌を取ってきて、娘のひざに置きなさい。あれでおれたち二人をきよめてもらうのだ」。槌がさっそく持って来られると、トールの胸は躍り立ちました。かれはいきなりその槌をつかむと、まず最初の一撃でスリュムをなぐりつけ、続いて巨人どもを片っぱしから打ち殺しました。巨人の姉も、ほしがった腕輪の代わりに槌の一撃をくらって命を落としました。

こうして神々は、ふたたび槌を取りもどすことができたのでした。

トールの巨人国訪問

この話はスノリがおもしろく語っていて、たいへんに有名なものですが、ほかではほとんどふれられることがないので、これは神話というよりもスノリの創作かもしれません。全体の雰囲気も神話とはやや異なって、娯楽的な話になっています。

ある日トールは、ロキ神を相棒にして、山羊《やぎ》のひく車にのって巨人の国をめざしていました。それはおそらく巨人の本拠にのりこんで、かれらの実力をためすつもりだったのでしょう。一日じゅう荒野をぬけてゆくと、夕方、一軒の農家の前に出たので、二人の神は、その夜はここに泊めてもらうことにしました。お百姓は、えらい神さまをもてなすような食事はとてもできぬからといって、ことわろうとしましたが、トールは、なに、食糧は自分で持ってきたから心配するなといって、かまわずあがりこみました。

そしてかれは百姓の目の前で、車をひいてきた二頭の山羊を殺すと、その皮をきれいに剝いで、肉は骨ごと大鍋に入れてグツグツ煮ました。やがてそれがいかにもおいしそうなにおいを立ててくると、かれは百姓夫妻や子どもたちをも呼んでいいました。

「さあ、遠慮なくおあがり、肉はたっぷりあるぞ。ただ、骨をかみくだいてはいけない。骨はみんな集めて、この皮の上におくんだよ」

そういってトールは、二枚の山羊の皮をいろりばたにひろげました。みなは腹いっぱいに食べ、骨は傷つけないように用心してしゃぶって、山羊の皮の上におきました。ところが、百姓の息子のシアルフィは、骨の中のずいが何よりも好きだったので、こっそりとナイフで腿骨《たいこつ》を一本切り裂いて、中のずいをすすったのです。

あくる朝、トールは起き出ると、ろばたに広げてあった山羊の皮のところに行って、例の槌《つち》をふるって祝福しました。山羊はたちまち生き返って立ち上がりましたが、一頭は後足の片方がびっこをひいていました。

トールは、だれかが山羊の骨をいためたのを知りました。かれはけわしい顔をして、鉄槌《てっつい》をにぎりしめました。それを見て、お百姓夫妻はふるえあがってさけびました。

「トールさま、どうぞお許しください。私どもがおかした罪は、なんとしてでもつぐないます。家も家畜も、みなあなたさまにさし上げますから」と。

百姓夫妻がおびえ切っているのを見て、気のいいトールはかわいそうになり、百姓の息子と娘を自分の召使いにすることで、かれらを許してやりました。この時からシアルフィと娘のロスクヴァは、トール神に仕えることになるのです。

トールとロキは、びっこになった山羊と車はあとに残して、そこからは歩いてヨッンヘイムに向かうことにしました。――シアルフィとロスクヴァをお伴にして。

四人は歩きに歩いて、陸のはずれまで来ました。その先には、大地を取り巻いて、海が広がっています。かれらは腰まで水につかってその海を越して、巨人の国にふみこみました。そこは暗い森がはてしなく続いています。食料を入れたずだ袋を背負ったシアルフィは、終始先頭に立ってすすみます。かれはどんな人間よりも足が速かったのです。

やがて暗くなってきたので、一夜をあかす場所はないかと探すと、扉をいっぱいにあけた小屋らしいものが目につきました。だれも住んでいるようすはなく、中にはがらんとした広間があるだけの、奇妙な家でした。しかし、ほかに家もないので、とにかくここで一夜をあかすことにし、そこの広間にころがって眠りにつきました。

ところが、真夜中になって、ひどくすさまじい物音がします。怪物でもおそってくるのか、地震か、家がぐらぐらゆれています。みながとび起きて、もっと安全な場所を探すと、奥に小さい部屋があったので、ロキとシアルフィとロスクヴァは、そこへもぐりこんでふるえていました。だがトールは、槌をにぎりしめて、戸口で番をしました。怪物がうなるようなぶきみな声は、一晩じゅう続きました。

ようやく夜が明けてきたので、トールはようすをさぐろうと、外へ出てみました。と、つい近くの森の中に、とほうもなく大きい巨人が横になって、物すごいいびきをかいて眠っています。ゆうべ地震だと思い、怪物のうなり声と思ったのは、こいつのいびきにちがいありません。

「くそいまいましい野郎だ！」こう思ってトールは、力帯をしめ直すと、槌で巨人をたたきつぶしてやろうかと思いましたが、相手があまりに巨大だったためか、べつに怖くなったわけではありませんが、少しばかりためらっていました。こんなことは、剛勇のトールとしてははじめての経験でした。とたんに、巨人はむっくりと起きあがりました。

「きさまは何者だ？」と、トールはききました。

「おれか、おれはスクリュミルという者さ。ところで、おまえさんの名はきかんでもわかるよ。アスガルドのトールだろ、顔に書いてあるじゃないか」相手はこういったかと思うと、「おまえ、おれの手袋をそんなとこへ引っぱっていったのか」といいざま、手をのばして、昨夜トールたちが一夜をあかした小屋を、拾い上げたではありませんか。小屋と思ったのはかれの手袋で、彼らが真夜中にもぐりこんだ小部屋は、その親指だったのです。これにはさすがのトールも舌をまきました。そんな気配はおくびにも出しませんでしたが。

かれらはそれぞれに朝飯を食べました。食事がすむと、スクリュミルは、「君たちと道づれになってもいいか」とききました。トールが「いいとも」というと、相手は「では、荷物はおれのといっしょにしておれが持ってやるよ」といって、トールたちの食料も、自分の袋に入れて肩にかつぐと、先頭に立って歩きだしました。こうしてかれは、一日みなの先に立って歩きましたが、その足の速いこと、トールたちは小走りに走ってやっとついてゆくことができただけでした。

夕方、一本の巨大なカシの木のところに来ると、スクリュミルはいいました、「今夜はここで野宿としよう。おれはすぐ寝るから、君たちは袋のひもをといて、すきに食事をしてくれ」。

こういって横になったかと思うと、すぐさま高いびきで眠ってしまいました。トールたちは腹がすいていたので、スクリュミルの袋をとって、ひもをほどいて食料を取り出そうとしましたが、結び目がとけません。みなで代わるがわる、さんざひねくり回したり、引っぱったりしても、結び目はむしろかたくなるばかりです。

腹を立てたトールは、いきなり両手で槌をつかむと、つかつかとスクリュミルの寝ているところに近づいて、ガンとばかりに眉間に打ちおろしました。たいていの巨人なら、一撃でおだぶつとなるところですが、スクリュミルは目をさますと、額をなでていいました。

「おや、木の葉が一枚おれの顔に落ちたのかな。ところで、トール、食事はすんだかね?」

「うん、すんだとも。だから、これから寝るところだ」こうトールはいって、べつの木の下へいって横になったものの、いまいましいやら腹がすくやらで、正直のところ、ろくろく眠れません。

真夜中になると、巨人のいびきはいよいよ高くなって、そのために大地もふるえ、森の木々もごうごうとこだまをかえします。トールはもう一度むっくりと起きると、こんどこそあのいまいましい奴をたたきつぶしてやるぞとばかり、槌を握りしめて近づいてゆき、脳天めがけて力いっぱいに打ちおろしました。槌は深く巨人のこめかみにめりこみました。

とたんに相手は目をさましていいました、「おや、どんぐりでも頭に落ちたのかな。

あれ、トール、おまえはまだ眠れないで、うろうろしているのか？」

「いや、ちょうど目をさましたので、ちょっとぶらついていただけだ。まだ夜中だから、眠る時間はこれからでもたっぷりあるさ」こう答えてトールは、もとの場所にもどって横になりましたが、残念でたまりません。じっと相手がもう一度眠りこむのを待ちました。

そろそろ夜が白んでくるころ、スクリュミルはぐっすりと寝こんだと見え、ふたたびごうごうといびきが聞こえてきました。トールはそっとかれに近づくと、ビュービユー槌をふり回してから、満身の力をこめて相手のこめかみに打ちおろしました。槌は柄のところまで眉間にめりこみました。スクリュミルははね起きて、こめかみをなでていいました。

「なにかがひどくぶつかったぞ。木の上に鳥でもいて、枯れ枝を落としたのかな。おい、トール、おまえまだ起きていたのか？　もうそろそろ起きる時間じゃないか。そんなに寝不足をしたら、向こうへ行ってもろくなはたらきはできんぞ」

こういってスクリュミルは、起きあがって旅のしたくをしながら、いろいろとトールたちにいってきかせるのでした。「ウトガルドの館はもう遠くはないが、君たちはなるべく引き返すのがいいね。君たちはおれを見て、あんまり小さくないななどとうわさをしていたが、向こうへついたら、もっと図体の大きいのがいくらもいるぞ。でも、どうしても行きたいのなら、どんどん東へすすんで行けばいい。ただ、向こうへ行ったら、あんまりいばるんじゃないよ。ウトガルド＝ロキの家来たちは、君たちが大きな顔をしたら黙っちゃいないからな。ところで、おれは北の方へ行くので、ここで失敬するよ」

こういってかれは、みなの食料のはいった袋を肩にしたまま、さっさと森の中へ姿を消してしまいました。トールたちは、「さよなら」をいうのも忘れて、そのうしろ姿をポカンと見送るだけでした。

トールたちの一行は、いわれたとおりに東へ東へと道をとりました。昼ちかく、広広した野に出ましたが、その野原の真ん中に、見あげるほど高い城が立っていました。城のてっぺんは雲までとどいていて、とても頂上までは見えませんでした。城は頑丈な柵でかこまれ、門はぴったりとしまっていて、押しても引いても開きません。しかし、ここまで来ておめおめと引き返すわけにはいきません。さいわい、柵の結いかたが少し粗かったので、どうやらその間をすりぬけることができました。

こうして先へすすんで行くと、大きな建物があって、扉があけはなしになっていました。のぞいて見ると、そこは大広間で、二列のベンチがあり、見るからにたくましいい大男たちが腰をおろしていました。奥には一段と高い席があって、そこに堂々とした、いかにも王さまらしい巨大な人物がすわっています。

——あいつがきっと巨人の王ウトガルド＝ロキなのだ。こう思って、トールたちはつかつかとその前にすすみ出てあいさつしました。すると王はこちらに目を向けて、歯をみせて笑いながらいいました。

「そこへ来た若いのは、アスガルドのトールだと思うが、ちがったかな。思ったよりも見かけが貧弱だが、きっと見かけ以上の力をもっているのだろう。トールといえば、われわれの間でも知れわたった豪傑だからな。——ところで、この館には、なにか人にすぐれたわざを持っている者でなくては、入れないことになっておるんじゃ。君たちには、なにか得意なわざがあるかな？」

それを聞いて、まずロキが口を切ります、「では、わしが一つの芸当をお目にかけましょう。食いくらべです。ここにいる人たちの中にも、わしほど早く物が食える者はいますまいよ」。

「なるほど。それも一つの芸じゃ。よろしい、その芸をためしてみようではないか」

ウトガルド＝ロキはこういって、ベンチのはじにすわっていたロギという者を呼ぶと、「おまえその客人と物食い競争をやってみよ」と命じました。

たちまち、肉を山盛りにした大桶《おおおけ》が運ばれてきて、広間の中央にすえられました。ロキとロギはその大桶の両はじに陣取って、号令一下、猛烈な勢いで食べはじめました。ふたりは物すごいスピードで食べすすんで、ちょうど桶の真ん中でぶつかりました。勝負は互角に見えましたが、ロキが肉だけ食べていたのに対し、ロギのほうは骨までばりばり食べてゆき、最後には桶まであっさりとたいらげてしまったのでした。こうなっては、だれの眼にもロキの負けは明らかでした。

「勝負あった。ロキ、おまえは口ほどにもなかったな。ところで、そこにいる若い男は何ができるかな？」と、ウトガルド＝ロキは、こんどはシアルフィを指さしていいました。

「わたしはあなたのえらんだだれかと、かけくらべをしてみましょう」こうシアルフィが答えると、ウトガルド＝ロキはいいました。

「それはりっぱなわざだ。そういうことを望むとは、おまえはよっぽど走ることに自信があると見える。よろしい。では外へ出て、さっそくわしの選んだ者と競走してみるがよい」

こういって立ち上がると、巨人の王はみなを連れて門の外に出ましたが、そこの平らな野原は、かけくらべにはもってこいの場所でした。それからウトガルド＝ロキは、フギという名の少年を呼び出して、この若者と競走してみよと命じました。

こうして二人は、第一回の競走をしましたが、フギは駿足《しゅんそく》で有名なシアルフィよりもなお速く、ぐんぐんとシアルフィに差をつけて決勝点につくと、にっこり笑ってふりかえって、シアルフィを迎えたのでした。

「シアルフィとやら、おまえはなかなかよく走るな。だが、試合に勝とうと思ったら、もう少しがんばらなくてはだめだぞ」と、巨人の王はいいました。

競走は三回勝負でした。二回目はシアルフィは、必死で走りました。しかし、シアルフィがまだ矢がやっととどくほどの距離を先に残しているうちに、相手はもはやゆうゆうと決勝点についています。三回目は、なおいけません。かれがコースの半分にも行かないうちに、フギはもう決勝点についていたのでした。

「勝負あった！」といって、ウトガルド＝ロキは、こんどはトールにたずねました――君がすばらしい豪傑だということは、いくども耳にしているが、ここではどんなわざを見せてくれるかね、と。

「わしがいちばんしてみたいのは、酒の飲みくらべだ。だれか相手を出してくれ」と、トールはいいました。

「それはおもしろい。さすがはアスガルド第一の豪傑トール殿じゃ」

こういって巨人の王は、もう一度広間にとって返すと、小姓に命じて一つの角杯（水牛の角や金属で作った角形の杯）を持ってこさせました。ウトガルド＝ロキはいいました。「この杯をひと息でからにしたら、みごとな飲み手だといっていい。われわれの間にも、二口でようやく飲みほす者が、ちょいちょいいる。だが、三口でからにできんような者は、ここには一人もおらんぞ」

トールは角杯をじっとにらみました。少し長いなとは思いましたが、それほど大きいとは思いませんでした。それに、かれはひどくのどがかわいていました。だから、これくらいのものを飲みほすのに、二度も三度も息を入れる必要はあるまいと思いました。そこで、杯に口をつけて、鯨が海の水を飲みこむようにガブガブとあおりました。そのうち息が続かなくなったので、杯から口をはなして、あとどのくらい残っているかとのぞいてみました。と、まるきり酒は減ったようすがないではありませんか。

そのとき、ウトガルド＝ロキがいいました、「なるほどよく飲んだ。だが、思っていたほどではないな。アスガルドのトールともあろう者が、これっぽっちしか飲めんとは、自分の目が見たのでなかったら、わしは信じなかったろうよ。二口めで、ぜんぶ飲みほすつもりだろうね」。

トールは物もいわずに杯にまた口をつけると、前にもまして勢いよく、息のつづくかぎり飲んだのですが、最初の時ほども酒は減りませんでした。

「おや、どうしたのだ、トール。飲める酒をひかえているのかね？　三口めで飲みほすつもりなら、よっぽどがんばらなくてはな。だが、それはどうも無理のようだわい。アスガルドではおまえは豪傑で通っているかしらんが、おれたちのところでは、その飲みっぷりでは大きな顔はできんよ——なにかほかの競技ででも、もっとすごいところを見せてくれなくてはな」

こうウトガルド＝ロキにいわれて、トールはカッとなりました。かれはもう一度杯に口をつけると猛然と飲みに飲んでまた飲み、もうこれ以上は一口も飲めなくなって、やっと杯を口からはなしましたが、はたしてこんどはかなり酒が減っています。

ウトガルド＝ロキはいいました、「うん、こんどはなかなかよく飲んだ。だが、おまえの力が思ったほど大したものでないことは、よくわかったよ。どうやらわれわれは、おまえを買いかぶっていたらしい。ところで、もっとべつの競技をやってみるかね？　酒の飲みっぷりは、大して君の名誉にはならんかったが」。

トールは答えました、「よし、やってみよう！　どんな競技をするのかね？」

「大したことじゃない。うちの若い連中が、よくやる遊びさ。わしの飼ってる猫を、床から持ち上げるのだ。アスガルドのトールともあろう者に、こんなけちなことをさせるのは申しわけないが、なにしろおまえは思ったほど強くはないとわかったのでな」

巨人の王がこういうより早く、広間の真ん中に、一ぴきの猫がとび出してきました。灰色をした、かなり大きな猫でした。そこでトールは、近づいていって片手を腹の下にあてがうと、ぐいと猫をさし上げようとしました。しかし猫は、いくらトールが高く手を持ち上げても、背中を丸めてのびをするだけで、足は床につけたままです。

「なにくそ!」とばかり、満身の力をこめてトールが持ち上げると、わずかに片足が床をはなれましたが、それ以上はどうにもなりませんでした。

「この遊びも思ったとおりだ。なにしろ猫はずいぶん大きいのに、トールはここにいる男どもにくらべたら、まるっきり小さいからなあ」と、巨人の王はいいました。

「小さい小さいと君はいうが、そんならだれかを出して、おれと取っ組ませてみろ。おれはもう、怒ったぞ」と、トールはどなりました。

すると、ウトガルド=ロキは、ベンチを見回して答えました、「おまえと取っ組みあいをするのを名誉と思うような者は、ひとりもおらんわい。まず、小手しらべに、わしの乳母のエリばあさんと、相撲をとってもらおうか。ばあさんをここへ呼んでおいで。あのばあさんだって、トールに劣らんような豪傑を、これまでに幾人も倒したからなあ」。

すぐに、ひとりの老婆が広間に入ってきました。巨人の王は、かのじょにトールと相撲をとってみろといいました。二人はすぐに取っ組みました。トールは力をふりしぼって、ばあさんを投げ倒そうとしましたが、ばあさんはびくともしません。トールが力を入れれば入れるほど、相手はいよいよ強い力で押しかえしてくるのでした。そのうちにばあさんが攻勢に出て、ぐいぐい押しつけてきました。トールは必死で防戦しましたが、思わずよろめいて片ひざをついてしまいました。

「それまで！」と、ウトガルド＝ロキはとび出してきて、二人を引き分けていいました、「トール、もうほかの者と相撲をとる必要はあるまい。さあ、酒盛りじゃ、酒盛りじゃ！」

もはや夜になっていました。王はトールたちをベンチに案内して、山海の珍味をならべて心からもてなしたのでした。

あくる朝トールたちは、しょんぼりと別れをつげました。こんどの旅は恥をかいただけだと思っていたからです。

ウトガルド＝ロキは、一行を送って館の外まで出てきましたが、道みちトールにききました、「こんどの旅はどうだったね、トール、なんだか顔色がさえんじゃないか？　君よりも強い者がここにはいくらもいるのを見て、気を落としたんじゃないのか？」

「残念ながら、わしはさんざん恥をかいたようだ。いまでは君たちが、アスガルドのトールなどといったって、取るに足らん奴じゃないかと思っていることは、よくわかっている。だから、気持が晴れんのじゃ」

こうトールが答えると、相手はカラカラと笑っていいました。

「もう城の外に出ているのだから、ほんとうのことをうちあけようか。わしが生きているかぎり、わしは二度とおまえをこの城に入れるつもりはないよ。こんどだって、おまえがあんなにすごい力をもっていて、おれたちを危険な目にあわせると知っていたら、絶対に城にはいれなかったね。そこでわしは、魔法で君たちの目をくらまして、やっとのことで切りぬけたんだよ」

こういってウトガルド＝ロキは、どうやってトールたちを欺いたか、くわしく種あかしをしてくれたのです。

「はじめ君たちは、森の道でスクリュミルという男に出あったろうが。あの男はじつは、このわしだったのさ。わしは君たちの食料もわしのといっしょに袋に入れて、魔法の針金でしばっておいた。だから君たちは、いくら袋をあけようとしても、あけられなかったろうが。おまえは腹をたてて、自慢の槌で、おれの頭を三度もなぐりつけた。最初のひと打ちはそう大したことはなかったが、あれだってまともに受けたら、たまったものじゃなかったぜ。ほら、あそこにある山を見たまえ。あの上に三つ、四角な谷があって、その一つは、とても深いだろ。あれはおまえが三度なぐりつけた、槌のあとなんだ。おまえの槌をまともに受けたんじゃ、いくらわしだってたまらんから、代わりにあの山に受けさせたのさ。気がつかなかったかね？

わしの家来たちとやった競技だって、同じことさ。はじめに腕くらべをしたのは、ロキだったね。奴は、よっぽど腹をすかしていたと見え、猛烈な勢いで肉を食べたよ。だがね、相手をしたロギというのは、野火なんだよ。だから、骨でも桶でも片づけちまったわけさ。つぎにシアルフィが走りっこをした相手のフギは、じつはわしの〈考え〉なのだ。いくらシアルフィが足が速いからって、〈考え〉がとぶ速さには、かないっこがないさ。その〈考え〉を相手に、シアルフィがあれだけ走ったというのは、まったくおどろくべきことなんだ。

ところで、トール、おまえの飲みっぷりにもおどろいたぜ。おまえは、あの角杯の酒がちっとも減らないのにあきれていたようだったが、あの杯の向こうはじは、じつは海までとどいていたのだからね。ところが、信じられんようなことが起こったじゃないか？　三度目におまえがありったけの力であおると、みるみる酒が減ったのよ。こんど海辺へ行ったら、みてごらん、おかげで海の水がぐっとひいているから」

　この時にトールが角杯でガブ飲みしたことが、いまわれわれのいう潮の満干の原因だというのです。巨人の王は、なおも話をつぎます。

「おまえが猫を持ち上げたのも、大したことだよ。まったくのところ、おまえがあいつの片足だけでも持ち上げた時には、われわれはみなギョッとしたものだ。なにしろあの猫は、おまえの目には猫と見えたかしれんが、じつは大地を取り巻いているミッドガルド蛇だったのだ。そいつをおまえは、もう少しで天にとどくほどさし上げたじゃないか。どうなることかと思って、わしはハラハラしていたよ。それから、エリばあさんと取っ組みあった時だって、大したものだったぞ。あの女は〈老年〉なんだ。老年と戦って、あんなに長いこと抵抗し、最後にも片ひざをついただけというのは、奇蹟《きせき》といっていい。なにしろ、年を相手にしたら、どんな勇士でも投げ倒されずにはすまなかったし、これからだって、すまないだろうからな。なあ、トール、これでわれわれの力がどれだけのものか、わかったろう。だから、いくらやってきたって、むださ。来ないほうが、おたがいのためだろうね。やってきたって、わしはいろんな手だてを用いて、城はりっぱに守りぬくつもりだよ。さ、これでほんとうにさようなら!」

この話をきくと、トールはいきなり槌をふりかざして、相手を一撃でたたきつぶそうとしました。ところが、槌を打ちおろそうにも、ウトガルド=ロキの姿は、もはやどこにも見えません。そんなら城をたたきつぶしてやるまでだと、ふり向いてみると、あの壮麗な城もどこへやら、あとには草ぼうぼうの野原が、どこまでも広がっているだけでした。トールたちはすごすごとアスガルドに引き返すしかなかった、というのです。

スノリの語り口を見てもらうために、この話はかなり忠実に再話してみました。トールはじめ異教時代の北欧の神々に対して、かれはもはや大して尊敬の念を持っていないかのようで、すこぶる自由でユーモラスな扱いをしています。かれが『エッダ』を書いたのは、十三世紀の初頭で、キリスト教がアイスランドに入ってからもはや二世紀もたつのだから、それもまた当然かもしれません。

*

トールは前に述べたようにもっぱら巨人やトロルを相手にして、これを打ち倒しています。しかし、『アルヴィスの歌』という対話詩では、めずらしく小人を相手にして、どちらかというと愚直なかれとしては、めずらしい一面を見せています。これも簡単に書いておきましょう。

トールが留守の間に、神々がかれの娘を小人のアルヴィス（全知という意）に与える約束をしました。アルヴィスが花嫁を迎えに来た時は、トールは旅から帰っていましたが、娘をかれにやる気はありません。そこでトールは、何でも知らないことがないというこの賢者に、質問を出していいました。

「もし、この世のことで、おれの知りたいと思うことに何でも答えられたら、賢い客人よ、娘との恋路のじゃまだてはすまい。いってくれ、アルヴィス、小人のおまえは、生きとし生けるものの運命について、すべて知っているというが、人の子のまえに広がっているこの大地は、それぞれの国で、どう呼ばれているのかな?」

するとアルヴィスは、それは人間たちの間では大地と呼ばれ、アサ神の間ではどう、ヴァナ神の間ではどう、巨人たちのもとでは、小人たちのもとではどう呼ばれるかを、よどみなく答えました。

次にはトールは、天について聞き、月について、太陽について、雲について、風についてというふうに、次から次へと質問を続けます。それというのも、そうやって時間をのばしてゆけば、やがて夜があけて太陽が昇ります。それまでに退散すればよし、でなければ巨人やトロルや小人のたぐいは、太陽の光をあびたとたんに、石に化すとか、体がはじけるとかして死ななければならぬことを、かれは計算に入れていたからです。

はたしてアルヴィスは、トールの質問につられて次から次へと答えているうちに、太陽が出てしまいます。トールは、「太古の知識を、ただ一人の口から、これ以上くわしく聞いたことはない。さんざおしゃべりさせて、まんまと罠《わな》にかけてやったわい。これ小人よ、日が昇った。広間に太陽の光がさしてきたぞ」。

これで詩は閉じられていて、アルヴィスが石に化したとか、体がはじけたとは歌われていませんが、そうなったのにちがいなく、トールは娘をかれに花嫁として与えずにすんだわけです。大力ではあるが、どちらかといえば愚直な神で、大飯食い、大酒飲みで知られるトールも、ここでは知識欲に富んでいるだけでなく、一方《ひとかた》ならぬ狡知《こうち》の持ち主であることを示しているのが注目されます。かれは単に粗暴な豪傑にはとどまらなかったようです。

そこで少し注意してながめると、トールが巨人どもと戦う至上の武器だった槌も、単にそれだけの役割に用いられたのではないことがわかります。さきに述べたトールのにせ花嫁の話からは、この槌が花嫁を祝福して、結婚を神聖なものとするために用いられたことがわかりますし、巨人国訪問の話では、トールがそれで死んだ山羊を祝福すると、山羊は生命《いのち》を取りもどして立ち上がるのです。ほかに、生まれた赤ん坊をそれで祝福する場面もみられますし、死者の墓にはよく槌や、そのシンボルであるらしいスワスチカ（逆マンジ）が描かれ、また墓の碑銘を刻んだあとに、「トールよ、このルーネを潔《きよ》めよ」といった文字をそえている例も見られます。誕生から死にいたるまで、人は終始トールの加護を祈ったらしいのです。そういえば、すでに北欧青銅器時代の岩壁画にも、トールらしい巨大な人物が、槌あるいは斧《おの》のようなものをふり上げて、結婚する男女らしいものを祝福している構図のものがあります。この像がもしトールのものだとすれば、トール崇拝は紀元前にさかのぼる時代から存在したことになりますが、どんなものでしょうか。

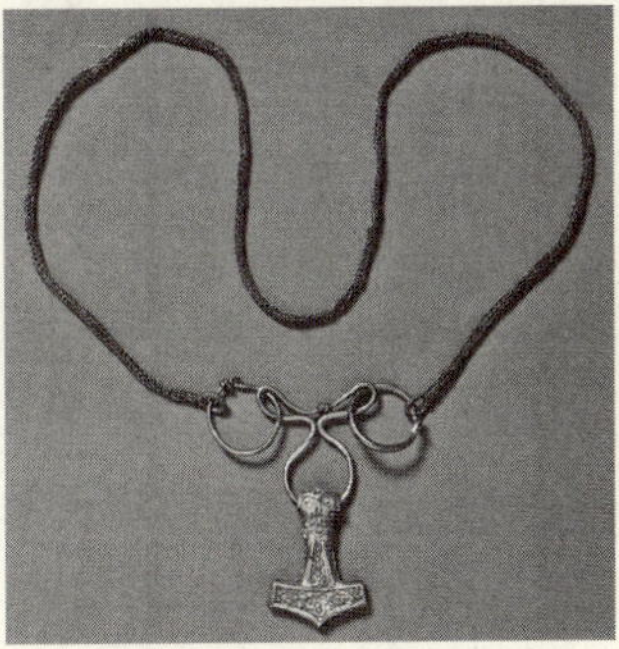

トールの槌の首飾り（スウェーデン）

おもしろいのは、銀細工のトールの槌がお守りとされて、キリスト教の十字架のように首に下げて広く用いられたことです。北欧三国ではかなり数多く、またアイスランドやイギリスでもいくらか発見されています。これはおそらく、キリスト教徒が十字架を下げているのを見て、これをまねしたものと思われています。両者の形はかなり似ていて、時には一つの鋳型でトールの槌をも十字架をも作ったらしい、そんな鋳型さえ発掘されています。

これはキリスト教徒にとってのイエスとほぼ同一の役割を、トールが北欧の異教徒に対して持っていたことで、かれの神としての地位の高さを示すものにほかなりません。それに対して、お守りとして用いられたフレイの像も少数ではありますが発見されていますが、オーディンのものは見あたりません。

またサガには、キリスト教に改宗した者の目の前や、夢の中に、赤ひげをはやしたトールが現れて、彼にキリスト教を棄《す》てて自分のもとに帰ることをすすめ、もしきかない時は、嵐を起こしておまえの船を沈めるなどと、おどかす場面がよく描かれています。これもトールが異教の神の代表者であったことの、ひとつの証拠でしょう。

トールとオーディン

これまでにみてきたオーディンとトールという北欧神話の二大神のうち、いずれが上位を占める神であったかを、ここで考えてみましょう。

タキトスが紀元一世紀に書いた『ゲルマニア』に、ゲルマン族の最も崇拝した神として、マルスとマーキュリイとヘラクレスをあげ、別にデンマーク地方の人びとの最も崇拝した女神にネルツスがあること、そしてマルスは北欧人のいうチュールに、マーキュリイはオーディンに、ヘラクレスはトールに、ネルツスはニヨルドとすることが、学者の一致した見解です。ただし、チュールは、あるいは最高神の地位にあったかと思われるのに、どうしたわけか、北欧神話の時代になると、よほど影がうすくなっています。これに対して、オーディンとトールは、タキトスが書いてからほぼ一千年をへた北欧でも、依然として最も有力な神として、広く崇拝されています。

しかし、このどちらが優位に立つ神であったかという問題になると、決定はたいへん困難で、どちらとも決めかねます。タキトスはオーディンをマーキュリイになぞらえて、週の特定の日に人間がかれにささげられることをいって、かれを最も尊ばれた神としているようですが、それも決定的とは思えません。マーキュリイとしてのオーディンが、マルスとしてのチュールや、ヘラクレスにあてられたトールよりも、高い地位にあったということも考えにくいようです。ましてトールは、時にはヘラクレスよりも、大神ジュピターになぞらえられて、ジュピターの日である木曜日が、ゲルマン社会では広くトールの日にあてられているのです。それに対してマーキュリイ＝オーディンの日は、水曜日に配されています。そして、ゲルマン社会で最も神聖だったのは木曜日で、たとえば、アイスランドの議会であるアルシングはこの日に開始され、その正午までに会場に参集しなかった者は、代議員たる資格を失いました。

北欧第一の聖所であった古ウプサラの神殿には、トールの巨大な像が、左右にオーディンとフレイを侍《はべ》らせて、中央に立っていたことは前に述べました。またノルウェーの旧都トロニエムの近くにあって、後に熱烈なクリスチャンとなったオーラブ・トリグヴァソン王に破壊された神殿でも、トールの像が大きく中央に立っていたことが記されています。

そのほか、オーディンがもっぱら詩歌と戦いの神であるのに対し、トールは巨人らを倒しもしましたが、彼の槌《つち》は生産、回生、結婚、死を祝福する役割をもつのです。もちろん雷神として天候を支配する力ももちます。

以上のように見てくると、オーディンでなくトールこそが、北欧人の第一に尊んだ大神であるように思われます。しかし、スノリを含めて多くの詩人が、オーディンを第一に尊んでいることもまた否定できません。スノリなどは、かれに天地、神々、人間を創造した栄誉を与え、かれを〈神々の父〉〈万物の父〉とし、不死性をさえ与えているのでした。

この問題を解決する力は筆者にはありませんが、次のことだけはいえるかと思います。つまり、トールは農民の神、土地定着者の神とすべきであり、力は強いがやや単純なお人よしで、信義を重んじるのに対し、オーディンは戦士、貴族、詩人、インテリの神で、知識と狡知《こうち》にたけ、好んで旅をして知識と栄誉を求め、時に人を裏切ることも意に介さないということです。そしてそういう性格の神は、自給自足的な古い農村社会がくずれてきて、富や権力の集中が始まった英雄時代、バイキング時代にいたって、はじめて力強く出てくるといえるでしょう。とすると、トールはより古い神で、オーディンはこういう時代を迎えてはじめて有力になったのでしょうか。これはなかなかおもしろい問題ですが、ここで論じるには複雑すぎるので、いまはただ課題として出しておくにとどめます。

Ⅳ　フレイとヴァナ神族

人質ニヨルド

アサ神族とヴァナ神族とがかつて戦った後に和睦した時、たがいに人質を交換することになって、アサ神族からはヘニールとミーミルがヴァナ国へ行ったのに対し、先方からはニヨルドが息子のフレイと娘のフレイヤを伴ってアサの国にやって来て、アスガルドの神々の仲間に加わったことは、さきに述べました。そしてまたニヨルドが、タキトスの説いた女神ネルツスと、性は変わっているが、同じ神であるか、またはその配偶者と考えられることについても。

とにかくかれらはスウェーデンに来て、オーディンから犠牲祭の司祭に任ぜられたといい、オーディンが死んだ後は、ニヨルドが第二代のスウェーデン王になり、かれの後はフレイがついだとされています。そしてフレイの治世には、「その地の民が平和とよき気候の故に、かつてないほど富裕になった」ため、かれは大いにスウェーデン人に愛されたと、『ユングリング家のサガ』は語っています。おそらくそのために、後に説くように、スウェーデン王家はフレイの後裔《こうえい》を名のるのでしょう。

ヴァナ神族はアサ神族とは性関係を異にしていたようで、ロキは海神エーギルの館の祝宴で、ニヨルドが自分の姉妹と関係をもってフレイ兄妹を産んだと非難していますが、スノリはこれに対して、ヴァナ神族の間ではそういう近親の結婚は日常的なことだとし、フレイとフレイヤの兄妹も、性交渉があったものと見ています。これはエジプト王家の場合などのように王家の血の純粋さを守るためというよりも、ヴァナ神族が豊作と多産の守護神として、性的に開放的だったためと思われます。

ニヨルドが北欧でかなり崇拝されたことは、各地に〈ニヨルドの神殿〉〈ニヨルドの森〉〈ニヨルドの耕地〉のような地名が残るので明らかです。しかし、神話としてはスカディとの結婚の話が伝えられるくらいで、あまり北欧神話では活躍していません。

スカディは巨人シアチの娘ですが、父親がアスガルドで殺されたことを怒って、武具に身を固めて、父の復讐《ふくしゅう》を果たそうとアスガルドに乗り込んできました。神々は女性を相手に戦うことをきらって、かのじょがそのうらみをすてて和解してくれるなら、大きな代償を払おうと申し出ました。スカディは答えました——「もしわたしが神々のひとりを夫にすること、それも自分で相手を選んでもいいなら、和解してもよい」と。神々はこの条件をのんで和解することにしましたが、かのじょが相手を選ぶときには、足よりほかを見てはならないという条件をつけて、みなで顔を布で包んですわりました。スカディはみなの足を見てまわりましたが、中にひとり、真っ白い美しい足をしている神を見つけて、「私はこの人を選びます。バルドル神が頭のてっぺんから足の裏まで完全無欠のことを知ってますから」といいました。

ところが神々が布を取り除いたのを見ますと、それはバルドルではなくて、ニヨルドでした。近海の海、港の神とされるニヨルドは、いつも波に洗われて美しい足をしていたのでしょう。スカディはこの失敗で機嫌をそこねて、「あなた方がわたしに悲しみを忘れて笑い声を立てさせるのでなければ、決して怒りをしずめない」と宣言しました。

それをきいてロキが、一頭の牝山羊《めすやぎ》を連れてくると、そのひげにひもをむすび、他の端を自分の性器に結びつけて、綱引きをはじめました。山羊とロキはあっちにひっぱりこっちにひっぱられして、かしましいさけびをあげました。そうやりながらロキは、スカディに近づいてくると、その両ひざの間にドスンと倒れこみました。これでかのじょも笑いだして、とうとう和解が成立したのだそうです。

しかしスカディとニヨルドの結婚——ニヨルドの先妻であるフレイたちの母親とは、ニヨルドはアスガルドに来たときに別れたのか、神話には全然出てきません——は、うまくいきませんでした。スカディは弓の名人で猟が好きで、スキーをはいて野山を走り回るのが好きでしたが、ノアツン（港の意）に住むニヨルドは、平和を愛し、船や貿易がすきで、いつも海の近くに住みたがったからです。それでふたりは、九夜は山のスカディの館で、つぎの九夜は海辺のノアツンでというふうに、住所を交互に変えることにしました。

しかしニヨルドは、山から帰ってくると嘆きました——

わしは山が嫌いだ
山にいた九夜はひどく長く思われた
白鳥の歌をききなれた者にとって
狼《おおかみ》のほえる声はいかにも聞き苦しい。

一方スカディも、山に帰ってくるというのでした——

海辺ではわたしはよく眠れなかった
海鳥どもがあんまりさわぐので
毎朝毎朝わたしは沖からとんでくる
鷗《かもめ》どものために目をさまされた。

こんなことでふたりはとうとう別れることになりました。スカディはその後オーディンの妻になったといいますが、くわしいことは伝えられていません。ニヨルドの治世は豊作と平和で知られましたが、かれは臨終の床では槍《やり》で自分を傷つけて、オーディンの後を追ったとされています。

フレイとゲルドの結婚

フレイについては『ユングリング家のサガ』の記述からみてみましょう。ニヨルドの後はフレイが国を治めて、スウェーデン人によって王と呼ばれ、かれらから税を受け取りました。かれも父親と同じく愛情と豊作に恵まれました。フレイはウプサラに大きな神殿を建て、ここに都をおき、かれの取り立てた税と土地と動産のすべてをここに寄せました。またかれの時代に〈フロディの平和〉が始まりました。当時はすべての国に豊作が続いたのですが、スウェーデン人はこれをフレイのおかげとしたのです。民が平和と豊年のおかげで以前よりも裕福になるにつれ、フレイは他の神々よりもいっそう崇拝されることになりました。かれの妻はギュミルの娘のゲルドで、かれらの息子はフヨルニルといいました。フレイはまたの名をユングヴィといいましたが、このユングヴィという名は末長く彼の民族の間で栄誉と考えられ、かれの子孫は以後ユングリング家と呼ばれることになりました。

さてフレイが病にかかり、それが悪くなった時、人びとは一計を案じて、ごく少数の者しかかれに会えぬようにした上で、その間に巨大な塚を築かせました。塚には扉がつけられましたが、それには三つの穴があけられていました。やがてフレイが死ぬと、かれらはこっそりと屍《しかばね》をこの塚に運び入れておいて、スウェーデン人たちにはかれはまだ生きているといったのでした。かれらはこうして三年の間かれを見守り、またすべての税を塚の中に投げ入れました――一つの穴からは金貨を、もう一つからは銀貨を、第三のからは銅貨を。すると平和と豊作が続いたのだ、ということです。

いかにかれの治世が平和と豊作に恵まれ、かれの死が惜しまれたかがわかるでしょう。かれは〈この世の主〉とさえ呼ばれています。かれの治世に〈フロディの平和〉が始まったとされているのは、簡単にいえばフロディはかれの別名なのです。ある場所でかれはフレイ・イン・フロディと呼ばれていますが、これは〈実り豊かなフレイ〉の意味だろうとされています。そこで単にフロディと呼ぶ時は、称号あるいはあだ名で呼んでいるわけです。デンマークにはかれと似て豊作と平和に恵まれるフロディ王が数名いますが、これも同じような称号でしょう。実はフレイの名そのものも、〈主君〉という意味で、別の称号にすぎないのです。ではかれの本名はといえば、文中にフレイの別名として出てくるユングヴィがそれで、フルネームでかれを呼べば〈実り豊かなユングヴィの君〉といったものになるだろうということです。そしてこのユングヴィは、タキトスがゲルマン族の三大部族の一つとしたイングヴェオーネス、その始祖のイングワズ（短くイングとも呼ばれます）にさかのぼるものと見られています。そこでフレイ＝フロディ＝ユングヴィ＝イングという等式が成り立つことになります。さてイングヴェオーネス族は北海付近にいたといいますから、おそらくタキトスのいうネルツスを崇拝していた部族だったのでしょう。そして、さきに見たように、ネルツスはつまりニヨルドであるか、少なくとも平和と豊作の神として同じ性質の神でした。ニヨルドの子フレイには、さらにこの性質がはっきりと現れています。ネルツスは神官を従えて、車にのって国土を巡回し、平和と豊作を民に恵む女神でした。そしてフレイも、『グンナール・ヘルミングのサガ』によると、女神官を従えて車でスウェーデンを巡回して民を祝福しています。ネルツスは女神であり、フレイは男性とされていますが、いずれも性を異にした神官を伴い、両者は夫婦関係にあったとされています。おそらく、豊饒《ほうじょう》と平和の神は、最初は地母神としての女性だったのが、社会において男性の権力が増大するにつれて、また生殖における男性の役割が認識されるにつれて、男性にも豊饒と平和の神性が分与されるようになり、そこに豊饒神の性の交替や混乱が生じたものでしょう。

平和と豊作（多産）の神として、ウプサラの神殿にあるフレイの像が、性器を直立させていたことは前に述べました《(ママ)》。かれは性や愛の守り神なのです。

フレイと巨人の娘ゲルドとの結婚は、エッダ詩の『スキルニルの歌』に歌われていますが、こんなふうです——

ある日フレイは、オーディンの留守に、その玉座フリドスキャルブについて、全世界を見回していました（この席にすわると全世界が見わたせるのです）。かれがヨツンヘイムをながめた時、ひとりの美しい娘が自分の寝室へ入ってゆくのが見えました。かのじょが真っ白い腕をあげると、そのために空も海も光り輝いたほどでした。フレイは一目ぼれしてしまって、自分の部屋にとじこもったきり、物も食べず口もききません。父親のニヨルドが心配して、自分の従僕でフレイの幼友だちのスキルニルをやって、ようすをさぐらせました。スキルニルはフ

フレイの青銅像（スウェーデン）

レイの所に行っていろいろと問いただしますが〈そのときかれはフレイに〈神々の首領〉と呼びかけています〉、フレイはなかなか打ちあけません。それでもとうとう幼なじみに責められて白状します――「おれはギュミルの娘に死ぬほどこがれているのに、アサ神たちも妖精も、われわれがいっしょになることを望まないのだ」と〈フレイは一般に妖精族の支配者とされている〉。

スキルニルは、炎を乗り越えられる馬と、ひとりで戦うことのできるフレイの宝剣をくれるなら、自分が求婚の使いに行こうといって、それを受け取り、炎を乗り越えてゲルドのもとへ行きます。かれはみやげに持ってきた金のりんごを差し出し、オーディンの自慢の腕輪《(ママ)》ドラウプニルまで差し出してフレイの愛を受けてくれるようにたのみます。ゲルドは黄金や腕輪はたくさん持っているからいらないと拒絶します。宝剣で首を切るといっておどしても承知しません。しかし最後にかれが魔法の杖《つえ》を取り出して、これで打つとあなたは醜くなりだれからもきらわれて、狂気と悲嘆にくれ、頭の三つある巨人といっしょになるか、独身のまま終わるかだなどとおどかし、さらに呪いのルーネ文字を刻むといいました。ついにかのじょはフレイとの会合を承知して、「バリという静かな森があって、ふたりとも知っています。九夜したら、そこでニヨルドの子に、ゲルドは愛の印をさし上げます」といいます。

スキルニルが帰ってフレイにそれを報告すると、フレイが大喜びしながら、「一夜でも長い、二夜はもっと長い。三夜をどうやって辛抱しよう。待ちわびる半夜の方が、おれには一月よりも長く思われるのだ」と嘆くところでこの詩は終わっています。この神話は一般に、凍った大地の中にとじこめられている生命《いのち》が、春の光をあびて甦《よみがえ》ること、つまり天と地の聖婚を扱ったものと解釈されています。ふたりがあうバリの森というのは、バル（大麦）からきた名まえのようです。

これでフレイの恋は満たされたことになるらしいのですが、このときスキルニルに宝剣をやってしまったことで、かれはラグナレクの日には、ついにスルトルによって倒されるのです。

フレイの聖獣としては、豚（猪《いのしし》）と馬が考えられます。オーディンにとって、屍を食う大ガラスと狼《おおかみ》が聖獣であるように、ヴァナ神族にとってはまず、多産な豚や猪がお気に入りだったようです。北欧のユルの祭り（いまのクリスマス）には、豚は欠かせないものでしたが、それは現代までも豚の形をした菓子となって、クリスマスには付き物となっています。妹のフレイヤは時にシュール（豚）と呼ばれていますし、フレイは闇の中でも光を放つ金の剛毛をはやしたグリンブルスチという猪を持っていて、夜でも昼でも、海上でも陸上でも、自由に走るとされています。

それはまた、単に多産のシンボルでなく、猪突猛進《ちょとつもうしん》といわれるように、戦いに際しての勇気を示すものでもあったのでしょう。フレイ兄妹は単に平和と多産の神であるばかりでなく、他面ではまた勇敢な戦士でもありました。フレイは剣を失っても牡鹿《おじか》の角をふるって巨人を倒したことがあり、フレイヤは〈戦いの猪〉と呼ばれる猪にまたがってワルハル宮へ行ったりしています。戦士はよく、猪の像をいただいたかぶとをかぶって、敵を恐れさせています。

フレイにとって別に神聖だったものに、馬があります。一番よく知られているのは、〈フレイの神官〉と呼ばれたアイスランド東区の首領ラブンケルと、白馬〈フレイのたてがみ〉の関係です。かれはこの牡馬を自分の帰依するフレイ神にささげて、だれにも乗ることを許さず、乗った者があったら切り殺すと宣言していました。かれの下男が羊探しに出てこれを乗り回したことを知ると、たいそうこの若者が気に入っていたにもかかわらず、かれはためらうことなくこれを切り殺してしまいました――そのために、その若者の親族の復讐《ふくしゅう》をうけて、一時は首領の地位を失うのですが。かれは馬の飼育場をもっていて、この牡馬には十二頭の牝馬《めうま》がつき従っていたといいます。かれは殺された者の親族たちは、他地区の首領の援助をえて、かれを民会に訴えて追放し、屋敷を襲ってかれを半殺しにした上で、〈フレイのたてがみ〉は頭に袋をかぶせて断崖からつき落として殺してしまいました。それを知ったラブンケルは、神を信じることのたよりなさをいやというほど知って、それきり犠牲祭をいとなむのをやめてしまったといわれます。馬が落とされた断崖は、以後〈フレイのたてがみの崖〉と呼ばれました。

ラブンケルの場合のほかにも、〈フレイのたてがみ〉と呼ばれる馬を大切にしていた神官はあり、フレイと馬との結びつきは否定できません。アイスランドでは二頭の馬をたたかわせる闘馬の競技が盛んですが、これもフレイ信仰に関係がある行事だといわれます。

さらに注意されるのは、スノリの大著『ヘイムスクリングラ』中の『ハーコン善王伝』で見ると、ノルウェー人たちは犠牲祭には馬を煮て食べていることです。幼少時代にイギリスの宮廷で育ってキリスト教に帰依していた王は、馬肉を食べることをひどく嫌ったのですが、農民らに強要されて、少なくとも口をつけるふりをしないわけにはいきませんでした。

めずらしいのは、牡馬の性器を特別な手当をほどこして保存し――そんなのをヴェルシといいますが――ほとんど神あつかいにしたことです。『ヴェルシの話』という小さいサガによりますと、北ノルウェーのある農家の主婦が、そんなヴェルシを秘蔵していて、それを振り回して家族一同を祝福しています。これはやはり牡馬の性器のたくましさが、豊饒多産のシンボルとされたからでしょう。

ヴァナ神族と船

ニヨルドはノアッン（港）に住居をもつ神で、船の守護者でした。フレイの持つ宝物にスキドブラドニルという船があります。小人が作ってかれに献上したすばらしい船で、これを広げれば神々がすべて武装したままで乗船でき、いつ何時でも追い風を受けて思いどおりの方向に走るのですが、折りたたんでポケットに入れることもできたといいます。どうやらヴァナ神族は、船と深い関係があるようです。これは豊饒《ほうじょう》と多産をつかさどる神として、漁業や貿易やバイキング行為で古くから船にたよらずにいられなかった北欧では、船との関係が切っても切れないものだったからでしょうか。ナイル川とその航行に文明の起源をもったエジプト人は、太陽は天空を航海してゆくものと考え、また死んだファラオは船によって神々の国へ向かうと考えました。北欧では青銅器時代から岸壁などに船を描いて、何かの祭を行っている絵がしばしば見ら

オーセベリ船

れ、時にはその船の上に太陽と思われるものが載せられています。それはおそらく、太陽の出現あるいは再生をうながしたもので、つまりは豊饒を祈る祭りだったのでしょうが、その祭りが船の上で行われている点が注目されます。

北欧で貴人を葬る時に、船にのせて葬り、時には（おそらく適当な船がなかった場合）石を船の形に並べた中に葬ったのは、これらのこととたぶん密接な関係があるのでしょう。つまり、それは一村一郷《いちごう》の小太陽であり首領である人をかなたの世界へ送ることであるとともに、その再生をも祈ったものではないでしょうか。

デンマーク最初の王となったスキョルドは、幼子の時に船に乗せられて麦の穂を髪にさして波にただよってこの国に到着したのですが、死ぬと美しく飾られて、また船で海に送り出されました。

豊饒の神は、また死んで甦《よみがえ》る神です。その神の死の国への往復の乗り物が、北欧ではエジプトと同じに船と考えられたのでしょう。

ノルウェーで近年発掘されたオーセベリやゴークスタッズの船は、貴人の船葬がいかに豪華に行われたかを示しています。イギリスのサトン゠フーのそれ——これも北欧人の居住地区にあります——も。そんな船葬墓は北欧では千以上も発見されていますが、たぶんすべてはヴァナ神ないしフレイ信仰と関係があると思われます。

一例をあげれば、九世紀末ごろにアイスランドに移住したインギムンドは、その名がすでにイングを含んでいてフレイに関係あることを示しますが、つねにフレイの小さい像を財布に入れているほどの熱烈なフレイ信奉者で、彼がアイスランドに移住したのも、この神の指示に従ったのでした。かれは島の西北部の湖谷に神殿屋敷を営んで住み、信望ある首領として地区を支配しましたが、死んでからは船にのせられて盛大に塚に葬られています。

さきにふれたネルツス神は、船をシンボルとした女神でした。この点でもヴァナ神とネルツスとは同系の神であることがわかります。

愛の神フレイヤ

ニヨルドの子で、フレイとは双生児の兄妹とされるフレイヤは、アスガルドの人気者です。スノリはかのじょを紹介するとき、「かのじょは女神の中で最も有名で、また、いまも生きている唯一の神だ」といっています。しかし、どうしたわけか、アサ神族とヴァナ神族が和睦して人質を交換したときに、ヴァナ神族側からアスガルドにきたのはニヨルドとフレイだとして、フレイヤの名はあげられていません。父と兄がきたのだから、当然かのじょも同伴したものとして、わざわざ名を出すのを略したのでしょうか。

もっとも、『巫女《みこ》の予言』では、この両神族の戦いは、グルヴェイグ（黄金の力といった意）という女がそのきっかけをなしたと説かれています。かのじょがオーディンの館に侵入してきたので、神々は槍《やり》で突き、火で焼いたのですが、何度それをくり返しても女は生き返ってしまいます。女は魔法にたけていて人びとをたぶらかしたので、オーディンが槍を投げて、ここにこの世での最初の戦いが始まったのだといわれています。そしてこのグルヴェイグという女は、フレイヤ女神にほかならないと、ほとんどすべての学者が見ているのですから、かのじょはあらためて人質としてアスガルドに迎えられるまでもなく、自力で侵入してきたわけです。

かのじょは〈ヴァナ神の女神〉または女司祭とか〈ヴァナ神の花嫁〉と呼ばれます。ヴァナ神のひとりとして、平和と豊饒《ほうじょう》の恵み手のはずですが、強調されているのは愛欲の神であることで、かなりふしだらな性格のように描かれています。かのじょは恋歌を聞くのが大好きですし、好んで恋の悩みを訴える人に耳を貸してこれを助けるといわれます。

多産な豚はかのじょの聖獣で、かのじょ自身〈豚《シュール》〉と呼ばれることがあります。『ヒュンドラの歌』によれば、かのじょは〈戦いの猪《いのしし》〉と呼ばれる猪にまたがって、ワルハル宮に行ったのですが、この猪はどうやらかのじょの愛人が猪の姿をとったものらしいのです。かのじょもまたネルッスやフレイのように車を持っていますが、その車は二ひきの猫がひくとされています。これはオリエントの地母神キュベレがライオンあるいは豹《ひょう》のひく車にのるのと同じで、それはそれらの猫族の動物が性の欲望の強いことで知られるからでしょう。夜になると、牝山羊《めすやぎ》の姿になって牡山羊《おすやぎ》を追い回すすともいわれています。

『ロキの口論』では、「ここに列席している神々や妖精は、みんなおまえの恋人だったじゃないか」と、ロキにののしられ、また兄のフレイと関係があったともされています。巨人からもしきりにつけねらわれたことは、これまで見てきたとおりです。また小人との関係についていえば、こんな神話が伝えられています――

あるときフレイヤが断崖の前を通りかかると、そこに扉が開いていて、中には四人の小人が首飾りを作っているのが見えました。かのじょはその首飾りがどうしても欲しくなって、いくらでも黄金をやるからゆずってくれと小人らにたのみました。しかし、小人たちは答えました――金では売りません。あなたが自分たちと寝床を共にしてくれるなら別ですが、と。フレイヤは迷いましたが、すばらしい首飾りへの欲望がついに勝利をしめました。かのじょは岩山の中で四晩をすごして、小人たちとそれぞれ一夜ずつ寝床を共にしました。すると別れに際して小人たちは、その首飾りをフレイヤに贈り物にしたのだそうです。これがかのじょの最も大切な宝というべき〈ブリシングの首飾り〉です。これがいたずら者のロキに盗まれたことから、話は複雑な展開をするのですが、今は略すしかありません。

こう見てきますと、フレイヤはいかにも浮わついた女神に思われますが、それは愛情をふんだんに分け与える女神として、ある程度やむを得ないことなのでしょう。もっとも、かのじょの正式の夫はオードですが、この夫に対してはかのじょは別の面を見せています。伝えられる話は簡単で、オードはしばしば長い旅に出て妻を置き去りにしたのですが、ある時の旅ではいつまで待っても夫が帰らぬため、かのじょは悲しみの涙を流しながら諸国をめぐって探しまわりました。その涙が岩にしみ入って黄金となったので、黄金のことを〈フレイヤの涙〉といい、またそのために、各地に少しずつ黄金は産するのだといわれます。かのじょが恋しい夫にめぐりあったかどうかをスノリは語っていませんが、たぶん探しあてて、手を取りあって楽しく帰国したのでしょう。かのじょとオードとの間には、フノスとゲルセミ（共に宝石といった意）というふたりの娘がありましたが、娘たちはいずれも非常に美しかったため、その後北欧人は美しいものを、この娘たちの名で呼んだとされます。

ところで、この神話で気がつくことは、夫のオードが、その名も、そしてしばしば長い旅に出ることも、オーディンにたいそう似かよっていることです。それでオードはオーディンその人ではないかと考えられるのです。

もちろんオーディンには、妻のフリッグがいるのですが、かのじょは古くはフリーアと呼ばれていて、この名はまたフレイヤと大変に近いのです。そこでオーディン＝フリッグと、オード＝フレイヤは同じもので、後者はそのもっと若い時を指すか、もしフリッグとフレイヤが別人であるとすれば、フリッグはしだいにフレイヤに地位を取って代わられたのではないかと考えられます。というのも、オーディンとフレイヤの密接な関係を示す証拠が少なからず存在するからです。その第一は、フレイヤが戦場で倒れた使者の半分を、そしてオーディンが他の半分を取るといわれることです。これはオーディンの妻のフリッグにこそ似つかわしい役割で、フレイヤがなぜ戦死者の半分を取るかは、ほとんど不可解です。そして、フレイヤは戦死者を選ぶワルキュリエの頭《かしら》で、戦場に馳《は》せつけてそれを選んで、ワルハル宮へ運ぶのだという解釈も生じています。

もっとも豊饒の女神としてのかのじょは、もともと死と再生に縁が深いとも考えられます。女性の死者はかのじょのものになるという考えもあったようで、『エギルのサガ』では、愛する弟が死んだあと、姉のトルゲルドは断食して死のうとし、「フレイヤのもとで食事をするまでは私は何も食べません」とさけんでいます。

それはとにかく、異教時代の末期には、フレイヤはほぼ完全にフリッグの地位に取って代わって、オーディンの妻と見なされていたようです。九九九年に、アイスランドの民会で異教徒とキリスト教徒が争った時、キリスト教に改宗したヒャルティという男は、こんな詩をつくって異教の神を冒瀆《ぼうとく》しました。

おれは神々を冒瀆するんだ――
思うにフレイヤは淫婦だ
だから、二ひきの犬をいっしょにしてやれ
オーディンとあの女を。

これは疑いもなくオーディンとフレイヤの関係をさしているものです。ふたりは魔法を使うことでも同類です。鷹《たか》の羽衣をもって空を飛ぶことでは、フレイヤはフリッグと共通しています。

またフレイヤはさまざまな呼び名をもっています。それは夫のオードを探して諸国をさすらった時、それぞれの国で別々の名で呼ばれたからだとされています。フレイヤの原義はレディー（貴女）の意味で、これは北欧では今もフルー、ドイツではフラウとして生きています。ヘルンと呼ばれるのは、亜麻からきた呼び名で、亜麻の守護神としての名、詩人たちは一般に女性をこの名で呼びます。マルデルとも呼ばれ、

〈マルデルの涙〉といえば金をさします。またゲブンとも呼ばれますが、それは、英語の give と同じく与えるという動詞から来た形で、富や豊作の〈与え手〉を意味するものです。

V　その他の有力な神々

片手の神、チュール

タキトスが『ゲルマニア』を書いた時代には、チュールはゲルマン族の最も崇拝する三人の神のひとりで、戦いの神マルスと似たものと考えられていました。そしてこの名はヴェーダのデイヤウス、ギリシアのゼウス、ローマ神話のジュピターと同系の語ですから、チュールはもとはゲルマン族の天空の神として、最高位にあったものと解されます。それでチュールは、固有名詞としてこの神をさすほかに、普通名詞として神一般をあらわすのに用いられます。たとえばシグチュールは〈勝利の神〉の意というふうに。英語のチューズデイ（火曜日）がこの神の日であるように、全ゲルマンで火曜日はこの神の名をもっています。ルーネ文字↑（ティウ）は一字でチュールを示し、この神の保護を願って刀の刃に彫りつけたりしました。

またローマ時代にゲルマン族の兵士がこの神にささげた碑に〈民会《シング》のマルス〉と記

されたものが見られることから、この神は戦いの神であるほかに会議の保護者で、正義と契約をつかさどったものと考えられます。あとで述べる、神々が狼《おおかみ》フェンリルをとらえた時に、この神がかれの口中に片手をさしこんだのも、神々が狼をペテンにかけるのでない証拠としてであって、この性質から来た行為だったのでしょう。しかし、実際は狼をペテンにかけたのであったため、怒った狼に、チュールは片手を食い切られてしまいました。そこで〈片手の神〉とも呼ばれます。

　それほどチュールは有力な神だったのに、エッダの時代になると、彼はオーディンやトールにおしのけられた形で、あまり尊ばれず、神話でも活躍していません。神話としては前に述べたフェンリルをしばる時の話が残るくらいのものです。別に『ヒュミルの歌』に、トールと共に神々の酒をかもす大釜を、父母の館まで取りに行く話がありますが、ここではトールが活躍するだけで、かれはまったくの脇役です。ただ、チュールの父とされるヒュミルが、じっとにらんだだけで館の梁《はり》がくだけるほどの眼光鋭い巨人であること、さらに祖母となると頭が九百ある化物となっていて、チュールの出身が巨人族であることがあかされているのが注目されます。これは天空の神でもあるチュールとしてはおかしい点ですが、ここでいわれているチュールは、戦神としてのチュールでなく、一般的な〈神〉の意味で用いられているので、実はトールと同行したのはロキだったろうという説もあります。ここのチュールはロキとする方が、全体として理解がしやすいようです。

弓の神、ウル

ウルも、たいそう古い、そして有力な神だったことが、各地に〈ウルの神殿〉〈ウルの林〉などの地名が残ることから察せられますが、くわしいことはわかりません。スノリはかれを、シフがトールとは別の男との間に産んだ子で、トールが養父として育てたのだとしています。かれは堂々とした戦士として知られ、一騎打ちに際して人びとはかれに加護を祈願しました。スキーの名人で、だれよりも速く走ることができ、弓の名手で、狩りにたくみでした。そこで〈スキーの神〉〈弓の神〉〈狩猟の神〉と呼ばれ、また〈楯《たて》の神〉とされ、イチイの茂る谷間に住むともいわれます。イチイは弓を作るのに最もよい木ですから、弓の名人のかれはイチイの谷に住むとされたのでしょう。

ウルが非常に高い地位の神だったことは、『グリムニルの歌』で火に焼かれそうになったオーディンが、神々の助けを呼んだ際に、「ウルと神々すべて」といって、ウルを特別扱いにしていることや、『アトリの歌』ではウルの腕輪にかけた誓いが、最高におごそかなものとされていることなどでわかります。名まえそのものも、堂々たる者とか、栄光といった意味に解されて、チュールと同じく古い天空神ではなかったかと思われます。スキーと弓の名人という点では、女神のスカディと似ています。

ウルについて残っている唯一の神話は、スノリでなくて、デンマークのサクソが伝えているものです。さきに魔術師としてのオーディンについて書いた折に、かれがリンダという美女を狂わせておいて誘惑し、かのじょによってバルドルの仇《あだ》を討つ息子を得た話を書きましたが、オーディンはこの卑劣な行為によって神々に泥を塗った者として、主神の座から追放されました。その時にウルが代わって王座につき、オーディンの名を名乗って十年間神々と人間を支配しました。しかし十年が過ぎると、神々はオーディンに同情して、かれを呼びもどしました。ウルはスウェーデンに逃れましたが、その地でデンマーク人に殺されたというのです。つまり、ウルはオーディンの位に取って代わったわけで、最後にはオーディンが復権したにしても、ウルにはそれだけの力があったわけです。

バルドルとその死

バルドルはオーディンとフリッグの間の子で、光り輝くように美しく、またたいそう賢く、気持もやさしくて、だれにも愛されてオーディンの後継者と見られていました。しかもその神が、ロキの悪だくみにかかって非業の死をとげたことから、神々と世界の運命は急速に傾くのです。

あるときバルドルは、幾夜も続けて、自分の命にかかわるような不吉な夢を見ました。かれは不安になってそのことをほかの神々に話すと、みなもひどく心配しました。わけても母親のフリッグは心配して、世界を回ってあらゆる生物無生物にまで、どうか息子の命を傷つけないでくれとたのんで歩きました。火も水も石も土も、あらゆる木や金属や鳥や獣も、尊い大女神のたのみをきいて、決してバルドルに害を加えないことを約束しました。

そこでバルドルは、あらゆる危険を免れることになりました。神々は大いに喜んで、一つの遊戯を思いつきました。バルドルをみなの真ん中に立たせておき、四方からいろんなものを投げつけてみるのです。それでもバルドルは傷一つ受けずに平気でそこに立っていました。これは神々にとってもおもしろい遊戯でした。みなはいよいよこの遊戯にうち興じました。

ところが、バルドルが一向に傷をうけないのをいまいましく思った神が一人だけいました。ロキです。根性曲がりで悪だくみにたけたかれは、さっそくバルドルをひどい目にあわせる計画をたて始めました。かれはまず年とった老婆に化けて、バルドルの母親を訪ねて秘密をさぐりにかかりました。

「神々は広場で変な遊びをやっていましたよ。バルドルを真ん中に立たしておいて、みんなで石やら矢やら、いろんなものを投げつけるのですが、ふしぎなことに何を投げつけてもバルドルは少しもけがをしないんです」

ばあさんに化けたロキは、つくり声をしてこうかまをかけてみました。とフリッグは、得意そうにいいました。

「そりゃあの子には、石だって木だって、どんな武器だって刃が立ちませんさ。だってみんなは、バルドルには決して害を加えないと、わたしに約束したんだもの」

「へえ、世界じゅうのものがそんな約束をしただかね？」と、ばあさんはききました。

「そうですとも。ワルハルの広間の西に生えていたヤドリ木一つをぬかしてはね。なにしろあれは、まだほんの小さい木で、誓いをたてさせるのは無理だったものね」と、フリッグは答えました。

それを聞きだすと、さっそくばあさんは別れをつげました。それからロキはもとの姿にもどると、ワルハルの西へ行ってそのヤドリ木を根こぎにして、神々の遊んでいるところへ出かけました。

バルドルの兄弟のヘズルは、盲目なので遊びに加われず、しょんぼりとみなの輪の外に立っていました。ロキはつかつかとそこへ近づくと、ぬいてきたヤドリ木をヘズルに持たして、

「あんたもこれを投げつけて遊びに加わってごらんよ」

といい、ヘズルの手をとってどちらへヤドリ木を投げればいいか教えてやりました。ヘズルは教えられたままにヤドリ木を力いっぱいに投げました。棒はさっと飛んでいって、投槍《なげやり》のようにバルドルをつらぬき、かれは地に打ち倒れて死んでしまいました。

神々はおどろきと悲しみとで口もきけず、たがいに顔を見合わせるばかりでした。

しかもみなは神聖なアスガルドの中にいたため、仇《あだ》を討つこともできなかったのです。なかでも一番悲しんだのは、オーディンでした。バルドルの死が神々と人間にとって、どれだけ大きい損失になるか、よく知っていたからです。

そのとき女神フリッグが口を切りました。

「あなた方のうちで、このわたしの愛と恵みを残りなく受けたいと願う者があったら、どうかヘルの国へ行ってバルドルのようすをさぐって来てください。ヘルにどんな贈り物をしてでも、バルドルをこのアスガルドに呼びもどしたいので」

女神フリッグの切なる願いをきいて、剛勇ヘルモッドがこの困難な旅を引きうけました。かれは八本足のオーディンの乗馬スレイプニルにまたがると、ただちに死の国をめざしました。

その間に神々はバルドルの屍《しかばね》を浜辺に運んで船葬にしようとしましたが、どうしても船が水におろせません。力持ちの山の女巨人ヒュロキンを呼んできて、かのじょに船を水に浮かべてもらう話や、バルドルの妻ナンナが悲しみで胸がはりさけて死んだため、その屍をバルドルと並べて薪の上にのせ、トールが槌《つち》を振ってそれを浄《きよ》めていっしょに火葬にする場面がそれに続くのですが、それは略します。この葬式には神々だけでなく、山の巨人や霜の巨人も多く参加しました。それほどバルドルの死は、みなに悲しまれたのです。

その間にヘルモッドは、九日九夜を真っ暗な谷間をぬけ、黄泉《よみ》とこの世の境をなすヨルの川を越えて、ヘルの国へつくと、スレイプニルに拍車をかけて、一躍りして城門を越え、死者の集められている大広間に乗りつけました。見るとバルドルは、すでにりっぱな死の国の玉座にすわっているではありませんか。ヘルモッドはその夜はバルドルと共にそこで一夜をすごし、翌朝になると女王ヘルの前にすすみ出て、熱心にたのみこみました。

「神々はバルドルを失って悲しみきっています。世界のあらゆるものも、かれの帰りを待ちこがれているのです。どうかバルドルをアスガルドにお返しください」と。

すると、半身は氷河のように青く、半身は肉色をしたヘルは、ぶきみな笑いを浮かべて、それほどバルドルがみなの者に愛されているかどうかは、ためしてみなければわからぬことだといって、こう答えました。

「もし世界の生きたもの死んだもののすべてがかれの死を嘆き悲しんでいるとわかったら、バルドルはアスガルドに帰しましょう。しかしたとえひとりでもかれを愛さないで、その死を嘆き悲しまないものがあったら、バルドルはわたしの手もとにとどめておきますよ」

やがてヘルモッドが別れをつげると、バルドルは広間の外まで彼を送ってきて、ドラウプニルの指輪をヘルモッドにわたし、これをぼくの記念にオーディンに持ち帰ってくれとたのむのでした。ナンナも適当の品をフリッグへの贈り物にしました。

アスガルドにもどると、ヘルモッドは自分の見聞きしてきたことをくわしく神々に話しました。そこで神々は世界じゅうに使いを出して、「どうかバルドルのために泣いてくれ。そうすればあの神は死の国から帰ってこられるのだ」と、あらゆるものに伝えさせたのです。

すべてのものがかれのために泣きました――人間もあらゆる動物も、大地や石や木々や、あらゆる金属まで。朝早く起きてみれば、人びとは草木の上にその涙がたまっているのを、いまでも見ることができるでしょう。

やがて使いの者たちは、りっぱに使命を果したことを喜びながらアスガルドにもどってきました。と、ひとりのみにくい老婆が、そこの洞窟のそばにすわっているのが見えました。かれらはほかのすべてのものにしたように、ばあさんにも聞いてみました。

「おばあさん、あんたもバルドルを死の国から呼びもどすために、かれのために泣いてくれるだろうね?」

だが、老婆は答えました。「わしはバルドルのために泣くのはごめんだね、あの男は生きていた間も死んでからも好かんでな。あいつはヘルにまかしておくがいいんだ」

こんなわけで、世界にただひとりバルドルのために泣くのを断った者があったため、かれは死の国に残らなくてはならなかったのです。そこで世界は、神々にとっても人間にとっても、二度と前のように美しい姿にもどることはできなかったのだといわれます。

神々と人間は、これがまたもやロキのしわざであることを知りました。こんどこそは、断じてロキを罰してやらなくてはならないと、神々はロキへの復讐《ふくしゅう》に立つのです。

以上のスノリの記述はずいぶんよく出来ていますが、やっかいなことに『バルドルの夢』というエッダ詩とはかなり食いちがい、またデンマークの史家サクソの記述とも大きく異なっているところに問題があります。

『バルドルの夢』では、バルドルを殺すのはやはりヘズルですが、スノリの書いているようにロキにそそのかされてではありません。ロキは全然ここには顔を出さないばかりでなく、バルドルが不吉な夢を見ておびえる時点では、すでに何かの罪でしばられているのです。これではかれがヘズルをおだててバルドルにヤドリ木を投げさせるといったことは不可能です。また、この詩ではバルドルの運命をさぐりに地下の国へ行くのはオーディンですが、スノリではバルドルが死んでからヘルモッドがヘルのもとへバルドルの復活をたのみに行くのでした。

こういう食いちがいをどう解すべきでしょうか。

サクソではさらに差異は大きくなります。かれによれば、ヘズルはスウェーデンの王子で、ノルウェーのゲヴァル王に養われています。かれはあらゆる技にすぐれていたため、ゲヴァル王の娘ナンナはかれを熱愛するようになりました。ところがオーディンの息子のバルドルが、ナンナが水を浴びているのをかいま見て、ヘズルを殺して女を手に入れようとします。ヘズルは狩りに出た時、戦いの勝敗をさだめる力をもつという〈森の処女〉らが住んでいる小屋に行きあたり、かのじょらからバルドルのたくらみを聞き、また忠告を受けます——バルドルは半神で武器によっては傷つかないのだから、かれと戦ってはいけないと。ヘズルは城に帰って、ゲヴァル王に娘のナンナを妻にくれと申しこみます。王はそれを承知しますが、不死身のバルドルを倒すには、ミミング（ミミル？）という森のサチュロス（ギリシア神話によく出てくる半人半獣の妖精）の持つ剣を手に入れるしかないと教えます。ヘズルは王の教えに従い、非常な困難をおかしてミミングの洞窟に行き、不意を襲ってこれを倒し、その魔剣と、富を生みだす腕輪とをかれから奪います。

バルドルがゲヴァル王にナンナを妻にくれと申しこむと、王は娘の気持しだいだと答えます。バルドルは娘をくどきますが、ナンナは「人間と神が結婚することはできません」といって、話に応じません。結局ヘズルはヘルギ王の援助を受けて、オーディン、トールその他の神々の援助を受けたバルドルと海上で戦い、これを破ります。トールの武器の槌は魔剣で切断されて役に立たなくされてしまいます。

その後もいくどか戦いがあり、バルドルがむしろ優勢なのですが、にもかかわらずナンナがヘズルと結婚したことで、バルドルは夢魔に悩まされて病気になり、ヘズルがスウェーデンとデンマークを支配します。バルドルはデンマークを回復しようとしますが、ヘズルはふたたび森の中で〈森の処女〉たちにあい、バルドルに力を与えている三びきの蛇の毒をまぜたすばらしい食料の秘密を教えられ、またニンフから勝利を保証する帯とへその緒を与えられて、ついにバルドルを倒します。デンマーク人は大きな塚を築いてかれを葬ったとなっています。

スノリの記述とサクソのそれは、似た点もありますが、サクソではヘズルは神族ではなく王の子であり、バルドルは天の血を受けているといっても、スノリの書いているような善良で平和的な神でなく、勇敢な戦士であり、それがヘズルと人間の女ナンナを争って、最後には敗北するのです。ヘズルはもちろんスノリのいうような盲目の神ではなく、森の乙女たち——戦いの勝敗を定めるというからワルキュリエに似ている——のお気に入りの勇士です。そしてロキはどこにも顔を出しません。さきに『バルドルの夢』でもバルドル殺害にロキは無関係らしいといいましたが、サクソの記述も同様で、どうやらこの伝承の方が昔からの形に近いように思われます。キリスト教が北欧にも徐々に広まるにつれて、戦士バルドルの姿は罪なくして殺される一種のイエス的人物に昇華され、サタンの影響をうけて、しだいにドス黒い姿形をとってきたロキが、ここでバルドル殺しの役をふりあてられたのではないでしょうか。そしてエッダでバルドルの命とりになったヤドリ木は、おそらくほかのサガに出てくる魔剣ミストルテイン（ヤドリ木の刀）であり、それがスノリによって樹木と受け取られたのかと思われます。

いったいにバルドルが神であって、何らかの礼拝を受けていたという証拠はどこにもなく、サガではバルドルはもっぱら戦士と考えられています。

ラグナレクの後で、死んだバルドルがまた帰ってきて、自分を殺したヘズルと仲よく暮らすというのも、いかにもキリスト教的な考えです。それを思うと、はじめに書いた形でのバルドル神話は、キリスト教の影響をうけて形づくられた、だいぶ後のものと思われます。

ヘイムダルとリグ

ヘイムダルも、ロキとはまた別の意味で謎にみちた神です。もっとも、スノリのころにはまだ『ヘイムダルの謎』という詩が存在したといいますが、その後その詩が失われたため、なおさらかれの姿がわからなくなったらしいのです。

かれの一番大きな役割は、前に書いたように、アスガルドの見張り番であることです。かれは夜もろくろく眠らずに、虹の橋のたもとで巨人どもが橋を渡ってアスガルドにやって来ないかと見張っています。目は夜でも昼でも百マイル先まで見通し、耳は草や羊の毛の伸びる音でも聞き分けるほど鋭くできています。巨人どもが攻めて来たとき吹き立てるため、ギャラールホルン（警《いまし》めの角笛）という角笛を持っていて、ラグナレクの時にはこれを吹き立てて神々を魔軍との決戦に呼び立てるのです。

そしてこの決戦で、かれはロキと相討ちになります。かれとロキとは宿敵ともいう間柄で、〈ロキの敵〉と呼ばれています。ウルブ・ウッガソンのあまり意味のはっきりしない長詩によると、かれはあるときフレイヤ女神の首飾りブリシングをロキが盗んだのを追って、両方ともがアザラシの姿をとってある島まで泳いで行き、ロキと戦って取りもどしたといいます。

ヘイムダルのアスガルドに対するこの役割と、かれのもつ一種のラッパのせいで、かれはよく大天使ガブリエルと比べられ、ヘイムダルはガブリエルのまねではないかとされますが、そうすることで彼のすべてが解けるわけでもありません。かれは太陽神や月神とされたかと思うと、宇宙樹の人格化とされたり、インドのアグニ（火神）やペルシアのミトラに比較され、さらにはかれが〈白い神〉と呼ばれるところから、フィン＝ウグル系のヤクートの人類の祖神〈白い若者〉と関係づけられたりしました。この最後の説などは、北欧民族がフィン＝ウグル族とは深い交渉があることや、ヘイムダルがやはり人間の祖と見られている点から、かなり有力な気がしますが、それにも当てはまりそうにない伝承がまたヘイムダルにはあります。というのは、失われた『ヘイムダルの謎』という詩からスノリが引用している詩句に、「余は九人の母たちの子にして、九人の姉妹の息子なり」とあるからです。九人の姉妹でひとりの息子を産んだというのは不可解のようですが、この姉妹を海の波とすれば、そういう姉妹によって育てられた神はギリシア神話にもあります。近いところでは、やはり北欧人がバイキングとして深い交渉をもったケルト族の海神マナナン・マックリアは、海の息子だとされています。こんな点や、またかれがフレイヤ女神と親しい関係にあることから、ヘイムダルは海に関係のある神で、ヴァナ神族のひとりと考える人もあります。『巫女《みこ》の予言』は「ヘイムダルの子らよ」と、身分の高低を問わず、すべての人間に語りかけることで始まっています。かれは広く人間の祖、守護神と見られているのです。エッダ詩に含まれる『リグの歌』は、おそらくこのような伝承に基づいて、さらにかれを人間の三つの身分——貴族、独立農民、奴隷——の創始者にしています。

それによれば、あるときヘイムダルがリグと名乗って旅に出て、次々に三軒の家を回ったのです。最初に訪れた家には老夫婦がいましたが、子どもがありませんでした。家も粗末で、出されたパンも麩入《ふすま》りのまずいものでしたが、老夫婦はできるかぎりの歓待をしてくれました。リグはそこに三泊しましたが、寝るときは夫婦の真ん中に寝て、いろいろと教えてやりました。それからかれはまた旅を続けましたが、九か月がすぎると妻は子どもを産みました。子どもはスレール（奴隷の意）と名づけましたが、色が黒く、指が太く、醜い顔をしていたけれど、丈夫で力が強く、よく働きました。その子が似たような女と結婚して、数多くの男女の子をもうけました。こうして奴隷の一族が生じたのです。

次にリグが訪ねたのは、もう少し裕福な家でした。この夫婦の間にも子どもがありませんでした。リグは同じようにしてここでも三泊し、夫婦の間に寝て、いろいろと教えました。九か月すると、この夫婦にも子どもが生まれました。子どもはカール（農民の意）と名づけられましたが、丈夫で働き者なだけでなく、牡牛《おうし》をならしたり、納屋を建てたり、荷車を作ることもできました。かれが似たような女と結婚して、幾人も子どもが生まれましたが、これが自由農民の起こりでした。

最後にリグが泊まったのは、前の家よりももっと堂々とした屋敷で、夫は弓矢を作ってい、妻は色が白く、頭には頭飾りを、胸にはブローチをつけていました。食卓には銀器が出され、ブドウ酒が供されました。リグはそこでも三泊し、夫婦の間で寝ました。九か月過ぎると男の子が生まれ、ヤール（王侯の意）と名づけられましたが、長い弓と槍《やり》を投げたり楯《たて》をふり回して遊び、馬を駆り、剣を振り、泳ぎをおぼえました。リグは再度訪れてきて、彼にルーネ文字を教え、わが子と呼び、世襲財産を与えました。ヤールは戦を起こして各地を征服し、部下に惜しみなく財宝を分け与えました。やがてかれはヘルシル（郷士）の娘に求婚してこれを妻にし、満ち足りた生活をしましたが、その子孫が貴族で、その中からやがて王になる者が出る、というのです。

この人間の三身分のとらえ方が固定的で、それぞれに先天的にきまった運命であるかのように説かれているのは、現在からみれば納得できないことですが、それが当時のゲルマン人の考えだったのでしょう。

ブラギ、フォルセティなど

ブラギはオーディンの息子で、女神イドゥンの夫だとされ、雄弁と詩法にたけていることで知られ、詩の神とされています。

ところで九世紀前半のノルウェーにブラギ・ボッダソンという詩人が出て、古い詩法を改革し、華麗なスタイルを創始したことで、スカルド詩人の祖と見られました。そこで詩の神ブラギは彼が神化されたものと考える研究者が多かったのですが、詩人ブラギがどれほど崇《あが》められたにもせよ、神化されるにしてはあまりに近い時代の人なので、この説はいまはあまり採用されません。むしろ逆に、神ブラギの名をこの詩人がかってに称《とな》えたものと考えた方がよさそうです。

とにかくブラギは、海神エーギルの館での祝宴に妻のイドゥンと共に出席してい、そこではロキに、「神々の中で最もひきょうな、戦いを避ける者」「ベンチにへばりつくブラギ」とののしられています。また製作の時期は『ロキの口論』よりも先かどうか不明ですが、十世紀前半にできた『エリクの歌』では、ブラギはオーディンのお気に入りとしてワルハル宮にあって、戦死した〈血斧《ちおの》のエリク〉王を迎えてい、少し遅れてできた『ハーコンの歌』でも、かれはハーコン善王を出迎えています。

では、ブラギの神としての存在はたしかかといえば、そうでもありません。ブラギはオーディンのあだ名の一つである可能性が強いのです。というのは、ブラギは〈詩法〉の意味であるとともに〈第一人者〉を意味しますが、オーディンは詩を神の世界にもたらした当人であり、また神々の第一人者であるからです。ブラギの異名〈長ひげの神〉はまたオーディンのそれでもあります。また王侯や首領が死んだ後、その後継者が張る法事の宴では〈ブラギの杯〉というものが亡き人を記念してささげられますが、それは詩の神ブラギのための杯ではなくて〈第一人者〉オーディンのためのものにちがいありません。

結局のところ、ブラギは最初はオーディンのあだ名であったものが、のちに詩人たちに誤用されて独立人格化し、別の神の位置に高められたとみられるのです。影が薄いのもやむをえません。

フォルセティもアスガルドの住人のひとりで、スノリはバルドルの子だとし、『グリムニルの歌』ではかれは金銀に輝く館グリットニルに住み、あらゆる争いをしずめるとしています。しかし、この神の具体的な活動は何も知られません。地名などにも彼が北欧で崇拝されたことを示すものは、オスロ湾の近くに〈フォルセティの林〉が知られるだけだといいます。

ところが、オランダ北部のフリジア地方には有力なフォシテという神についての記録が二つまで残っています。その一つ――八世紀に書かれた『聖ウィリブロルド伝』のものを紹介してみましょう。

ある時、この聖者はフリジア(フリースランド)とデンマークの中間にあるフォシテの島(ヘリゴランド島)を訪ねました。島にはフリジア人の崇拝するフォシテの神殿がありました。その近くで草を食《は》む家畜に手をふれてはならず、そこにわき出す聖なる泉から水を引くには無言でしなくてはならず、神殿を冒瀆《ぼうとく》する者はフリジアの民法によって神に犠牲《いけにえ》として供されるきまりでした。ところが聖ウィリブロルドはこの泉で三人の者に洗礼をさずけ、またかれのお伴たちは聖なる家畜を殺しました。こうして聖地を汚したため、島民は怒って聖者のひとりを犠牲にささげました。この聖者もそうされるところを、三度くじを引いたが三度とも無罪と出たために、危く死罪をまぬがれ、フランク国に送還されたというのです。

他の一つは略しますが、フリジア地方でフォシテという神が非常に崇拝されたことはまちがいないようです。そしてこの信仰が北上して北欧の一部にフォルセティとして移植され、神話の中にも入りこんだとされるのです。

ほかにも神々としては、原初の巨人ユミルをオーディンと共に殺したとされるヴィリとヴェー、最初の人間をオーディンと共に創ったとされるヘニールとロドゥルをはじめ、オーディンの仇《あだ》を討つ息子のヴィダル、トールの息子のマグニなど、かなりの数の神が登場します。しかし、その多くはあいまいな存在であるか、神々としては二代目の存在ですから、ここではすべて略します。

エーギルとラン

アスガルドの神々には属しませんが、それでも神々と近い関係にあって、時に神々の中に数えられる存在として、海神エーギルとラン、知恵の巨人ミーミルがあります。

北欧人は、インド・ヨーロッパ人の中では、おそらくはギリシア人を除いて、他のどの民族よりも海洋民族であって、遠い昔から海と非常に密接な関係をもってきました。

そこで新石器時代にはじまる北欧の岩壁画にも、海や鯨などがしきりに描かれているのをはじめ、神話でも海は大きな役割を果たしています。デンマーク王室の祖スキョルドは、赤ん坊として船で海のかなたからやって来たのですし、女神ゲフィオンはスウェーデンから鋤《す》き取った土を海に運んでいってシェーラン島を作り、トールは海の底で大地を取り巻いているミッドガルド蛇を釣り上げようとしているといったふうです。スカルドの詩や、十二世紀ごろからしきりに作られるようになったサガ文学でも、同じことがいえます。

そういう北欧人の海の神としては、ニヨルドがすでに港の守護神、内海や湖の神で、トールもまた天候の支配者として航海者の守護神でしたが、外洋の神としては、エーギルと、その伴侶とされる女神ランがあります。ニヨルドやトールがアスガルドの神として、神々や人間の味方であるのに対して、エーギルとランはアスガルドには属さず、むしろ巨人の仲間です。だからといって霜の巨人などのように神々と人間に対立するのではありません。いわば人間の運命ごときには超然とした巨大な力をもつ存在であって、だから時としては無慈悲ではげしい行為に出ます。サガを読むとバイキング時代の人びとがしきりに海で難破しておぼれ死ぬ場面にぶつかります。十世紀の豪雄詩人エギル・スカラグリムソンは、海で失ったわが子を哀悼して書いた『息子の喪失』という詩の中で歌っています——

ランが余の腕を荒々しくつかむ
あの古なじみは余には苦手だ！
海は余をしっかりした糸で

父祖の家にしばりつけていた
絆《きずな》（息子をさす）を引き裂いた
余が剣をもって復讐《ふくしゅう》しえたら
あのビール醸造者（エーギルをさす）はもはや生きていないのに
嵐の友（大海をいう）が乗り切れるものならば
余はエーギルのいやらしき花嫁（ランのこと）と
あえて抗争せんものを。……

そんなわけで、海は航海民族の作品の中では、どうしても強暴な破壊者と見られることになり、エーギルはギリシア神話のポセイドンに似たものとなります。もっとも、エーギルはポセイドンのように三つまたのヤスで突くのでなく、そのあごで船などをかみくだくらしく〈エーギルのあぎと〉がよく詩句にあらわれます。ランの方はおもに網で獲物をからめ取るものと想像されています。とにかくかれらは犠牲を要求するのです。五世紀のサクソンの海賊は、捕虜とした者の十分の一を海に投げこんだといいますが、それは海神から求められる前にすすんで犠牲を払うことで、あとの航海の安全を祈ったのでしょう。また北欧の民間信仰として、海上で嵐にあった時は、乗組員がそれぞれ若干の金銀貨を分けて持つことが多いのですが、それはおぼれた時に空手でエーギルやランの前に出頭しないためだそうです。

Ⅵ　女神たちの神話

オーディンの妻フリッグ

オーディンの妻で、バルドルの母とされるフリッグは、〈愛される者〉〈妻〉の意味です。スノリはかのじょをフヨルギュンの娘としていますが、『ロキの口論』ではフヨルギュンはかのじょの夫、つまりオーディンです。いずれにせよかのじょは、アスガルドの女神の第一位にあり、予言はしないが人びとの未来については、何もかも知っているとされ、他の女神の多くは、かのじょの侍女あるいはかのじょ自身の別名とされます——フラ、グナ、フリン、ロフン等々。かのじょは親切な神で、結婚と出産の守護者、贈り物の与え手と考えられ、ことに子どものない夫婦から子どもを恵むように訴えかけられます。

しかし、神話の中ではかのじょはあまり活動しません。唯一の例外は、息子バルドルが不吉な夢を見た時に、あらゆる生物や木や石やまでに、バルドルをあやめないよ深いうたのんだことで——その訴えも結局空しく、バルドルは死ぬのですが——、一種の対立が母性愛の所持者であることを示しています。

しかし、夫のオーディンとの間柄は、特に不和というのではないが、一種の対立があるようです。八世紀に書かれたパウルス・ディアコヌスの『ランゴバルド史』は、かのじょについて最も古い伝承を伝えるものですが、それにすでにこの対立が現れています。——当時ウィンニリと呼ばれたランゴバルド族は、イボールとアイオ兄弟に率いられてスカンジナビアから南下してきました。バルト海南岸にいたヴァンダル族が、進出してきたかれらに貢ぎものを求めましたが、かれらは母のガンバラのすすめで、武器をとって戦うことにしました。ヴァンダル族がゴーダン（オーディン）に勝利を祈願すると、オーディンは答えました——日の出の時に最初に姿を見た方に勝利を与えようと。ところがガンバラはフリーア（フリッグ）に訴えました。すると女神は教えます——ウィンニリの女たちは、日の出る前に髪を顔にたらして、オーディンが毎朝日の出をながめる窓の前に、男たちと共に集まっているがいいと。翌朝フリーアは夫を呼び起こしていいました——「オーディン、ごらんなさい（オーディン、セー）……」と。オーディンは窓からのぞいてさけびました。「このひげの長い男たちは何者か？」と。フリッグはすかさずいいました、「あなたは最初にウィンニリ族を見たのだから、この人たちに勝利を与えなくてはいけません」と。かくてウィンニリが、勝利をえたのですが、かれらはこの事件を記念してランゴバルド（長いひげ）族と呼ばれることになったというのです。そしてついでにいえば、この事件が起こったのはデンマークのフューン島の首都で、だからこの町は、オーデンセと呼ばれるというのが、よくいわれるこの町の起源説話です。

これは、単に妻が夫をトリックをかけてあざむくのか、それともその背後に、もとは地母神として至上の権威をもっていたこの女神が、オーディンが至高の座に上るにつれて、その妻とされたけれど、まだ以前の権威を思い出して、夫を押しのけようと試みるためなのでしょうか。いずれにせよ、オーディンとフリッグの間には、しばしば小ぜりあいが生じているのです。

『グリムニルの歌』では、アグナルとゲイルロッドという兄弟のことが扱われています。オーディンとフリッグが、フリドスキャルブにすわって世界をながめていたとき、オーディンが自慢しました、「わしの養子のゲイルロッドは王様になっているが、おまえの養子のアグナルは洞窟で女巨人との間に子どもをもうけているではないか」と。するとフリッグは召使いのフラをゲイルロッド王のところへやって、夫のことを中傷させました。そこでオーディンがグリムニルと名乗ってゲイルロッドを訪ねると、王はかれを魔法使いと思って、燃えさかる火の間に立たせる拷問《ごうもん》にかけました。八夜のあいだ、オーディンは一滴の水も与えられずに苦しみましたが、そのときゲイルロッドの息子で、叔父の名にちなんでアグナルと名づけられた子が、ビールをなみなみと満たした角杯を差し出しました。かれはアグナルを祝福して、自分の身分を明かしました。ゲイルロッド王はそれがオーディンだと知ってあわてて助け出そうとしましたが、つまずいて自分のぬき身の刀の上にたおれて死に、アグナルが王位を継いだというのです。

『ユングリング家のサガ』では、オーディンが旅に出て久しく帰らなかった時、かれの兄弟のヴィリとヴェーが、オーディンの妻のフリッグを共有にして、アスガルドを支配したことは前に書きましたが、サクソの『ゲスタ・ダノルム』《(ママ)》はもっと奇怪な伝説を伝えています。北欧の王たちは熱心にオーディンを崇拝して、腕輪をいくつもはめたかれの黄金の像をつくりました。オーディンは大いに喜びましたが、フリッグはそれをねたんで、その像から黄金をはぎ取らせました。オーディンが嫌気がさして亡命すると、ミットオーディンという者が位につきました。おそらくフリッグを妻にしたのでしょう。オーディンはフリッグが死んで後に、はじめて帰国したといいます。

これらの伝承は、いずれもフリッグが地母神として、オーディンよりもより高い位置を占めていた跡をとどめているかと思いますが、くわしいことはわかりません。かのじょは古くからローマのヴェヌス（ヴィーナス）にあたるとされて、〈ヴェヌスの日〉金曜日が、英独北欧などでは、かのじょの名をつけて呼ばれて、結婚をするには特にめでたい日だとされてきました。

北欧神話で見ると、そのフリッグはしだいにもうひとりの女神フレイヤに地位を奪われてきたか、あるいは少なくとも混同されてきたようで、オーディンとフレイヤを夫妻とする考えがだんだんと優勢になっていることは、フレイヤのところで述べたとおりです。

イドゥンとかのじょのりんご

イドゥンはアスガルドの神々の中に数えられたり、はずされたりしているところを見ると、そう重要な女神ではないか、新しい女神なのでしょう。かのじょは詩の神ブラギの妻で、若返りのリンゴの保管者とされています。神々はそのりんごを味わうことで、年老いることをまぬがれ、永遠に若さを保つことができるのです。かのじょの名まえそのものが再生、若返りを意味します。

かのじょが巨人シアチにさらわれて、神々の間に大恐慌を起こした神話は、ほぼ次のとおりです。

大神オーディンは、よくアスガルドから出かけて、世界と人びとのようすを見るために、あちこち旅して回りました。ある日もかれはロキとへニールを連れて、そんな旅に出ました。

山や荒れ野をぬけてどこまでも歩いてゆくうちに、三人はひどくお腹をすかしましたが、そこらはひどく荒れはてた地方で、食べ物がいっこうに見つかりません。それでも幸いに、ある谷間で牛の群れが草を食べているのを見かけたので、さっそく三人は谷間に下りてゆき、一頭の牛を殺して火で焼きはじめました。三人は肉が焼けるのを待つ間、そこらの草の上に寝ころんでいました。

やがて、もういいころだろうと思って肉を取り出してみましたが、少しも焼けていません。三人はまた火をかきたてて、肉をのせました。

しばらくすると、ロキがいいました。「もうおれは腹がすいて死にそうだ。これ以上は待っていられない」

そこで神々はもう一度肉を引き出してみましたが、肉は相変わらず焼けていなくて、とても食べられたものではありませんでした。

「どうもおかしいな」

こういって神々は考えてみましたが、知恵者のオーディンにもわけがわかりませんでした。ところが、そのとき頭の上のカシの大木の梢《こずえ》から声をかけたものがありました。

「きみらの火にまじないをかけて肉が焼けんようにしたのは、おれだよ。その肉をおれにも分けてくれるなら、さっそく肉が焼けるようにしてやるが、どうじゃ」

見上げてみると、そこの高い枝に一羽の大鷲《おおわし》がとまっていました。別に手だてもなかったため、神々はかれにも肉を分けてやることにしました。鷲はさっそく木から舞い下りて火のそばにすわったところ、たちまち肉はいい香りをたてて焼きあがりました。とたんに鷲は、一番上等の腿肉《ももにく》二本と、両肩のつけ根の部分を、自分の分け前だとしてつかんでしまったのです。

これではあんまりです。腹を立てたロキは、いきなり火の中から太い棒をぬきだすと、力いっぱい鷲をなぐりつけました。鷲は棒の下をかいくぐって飛び立ちましたが、棒の片方のはしは鷲の背中にくっつき、もう一方のはしはロキの手に張りついたまま、どうしても離れません。鷲は地にすれすれに飛んだり、ぐるっと旋回飛行をしながら、どこまでもロキを引きずってゆきます。ロキはそこらの石や木にぶつかって傷だらけになり、腕はいまにも肩からちぎれそうです。かれは泣きそうな声でさけびました。

「お願いだから地におろしてくれ。そしたら牛は残らずおまえにやるよ」

「おれは牛なんかいらないね。ほしいのはあのイドゥンとりんごだけだ。あれをおれのところへ連れてくると誓うまでは、おまえは放してやらないよ」と、鷲はいいました。

イドゥンはアスガルドきっての美しい女神で、ブラギがとても大切にしている妻です。しかもかのじょは神々の第一の宝物〈青春のりんご〉を保管しているのです。このりんごをときどき食べなければ、神々も年をとって人間と同じに死ななくてはなりません。このりんごのおかげで、神々はいつまでも若さを保つことができるのです。だからイドゥンとかのじょのりんごは、神々にとっては何よりも大切な宝なのです。

「イドゥンとかのじょのりんごをよこせだと？　それぱっかりはだめだな」とロキはさけびました。

「そんならおれも、いつまでだってこのまま飛んでいるわい。おまえはさんざ岩や木にぶつかって、くたばるがいい」

こう鷲はいうと、木の間や岩のごろごろした荒れ地をぬけて、どこまでも飛んでゆきます。ロキの全身はもう傷だらけです。これ以上は我慢ができなくなって、かれはさけびました。「おまえのいうとおりにするから、どうか放してくれ。イドゥンも連れてくるし、りんごも持ってくるよ」

「まちがいはないな」と、鷲は念をおしました。ロキはいつイドゥンを連れてくるか、日をきめて誓いを立てました。鷲はすぐさまロキを放して、仲間のところへ飛んでいきました。それからロキたちはアスガルドに引き返しましたが、ロキは鷲とした約束のことはオーディンにもヘニールにも秘密にしていました。

どうやって鷲との約束を果たしたものかと、ロキは頭を悩ませました。あの鷲は巨人の王シアチが化けていたものにちがいありません。約束を破ったら大変です。

約束の日が来ると、ロキはイドゥンのところへ出かけて、もっともらしくいいました。「イドゥンさん、わたしは昨日すばらしい実のなっているりんごの木を見つけましたよ。アスガルドの北の方の森の中です。その実はあなたのりんごに色も形もそっくりだから、きっと効き目も同じだと思うんだ。それをアスガルドに採って来ようじゃないですか?」

しかし、イドゥンはいいました――わたしのりんごと同じものが、どこの世界にあるものですか、と。

それでもロキは、そんなことで引き下がるわけにはいきません。ことばたくみにそのりんごがイドゥンのそれにそっくりなことをいい立てたので、とうとうイドゥンも両方をくらべてみるため、自分のりんごを持って、ロキのあとについて森へ出かけました。とたんに鷲の姿をしたシアチがさっと舞い下りてきて、イドゥンとりんごをさらっていったのです。

そのことをほかの神々は知らなかったのですが、まもなくイドゥンの姿が見えないのに、気づかずにはいませんでした。もちろん〈青春のりんご〉も見えません。じきに神々の上には老年の衰えがしのびよってきました。みな体がこわばり、腰が曲がってきたのです。

オーディンはあわてて神々を召集して、相談しました。みなは口々に、だれかイドゥンがどこにいるか知っている者はないかとたずねあったのですが、だれも知りません。最後にオーディンが、ではあの女神を最後に見かけたのはだれかときくと、ヘイムダルが思い出していいました――いつかあの女神がロキといっしょにアスガルドを出てゆくのを見かけました、と。

オーディンはさっそくトールに、ロキをつかまえてこいと命じました。やがてロキが連れてこられると、神々はさんざんかれをこづき回して、イドゥンをどこへやったか白状せよと責めたてました。ロキはすっかりおびえて、イドゥンがヨツンヘイムへ連れてゆかれたことを打ちあけ、もしフレイヤが〈鷹《たか》の羽衣〉を貸してくれるなら、自分でかのじょを探して来ようといいました。

フレイヤは喜んで〈鷹の羽衣〉を貸してくれました。ロキはその羽衣をつけると、ヨツンヘイムをめざして北へ飛び立ちました。まもなくかれは巨人シアチの屋敷へきました。見ると、下の方をイドゥンが散歩しているではありませんか。りんごも金のかごに入れて持っています。シアチの姿はどこにも見えません。かれは海へ釣りにいっていたのです。

ロキは急いでイドゥンのそばに舞い下りると、すぐさまかのじょをくるみの実に変えて、それをつかんで飛び立ちました。

まもなく家に帰ってきたシアチは、イドゥンと大切なりんごが見えないのに、すぐに気づきました。見るとずっと遠くを一羽の鷹が飛んでゆきます。事情を察したかれは、すぐさま鷲に身を変えると、猛烈な勢いでそれを追いかけはじめました。みるみるシアチはロキのうしろに迫ります。

ロキは全速力で飛んだのですが、鷲は羽音も荒くぐんぐん間をちぢめてきます。ロキは最後の力をふりしぼって、金色に輝いているアスガルドに向かって必死で急ぎました。

ロキの帰りを待ちわびていた神々は、一羽の鷹が爪の間にくるみをつかんで飛んできて、それを大鷲が追いかけているのを見ると、大急ぎでアスガルドの門のそばに高々と薪の山を積みあげました。ロキはその薪の山をかすめて、さっとアスガルドに飛びこみました。

鷹がアスガルドに逃げこむ前につかまえようと思ったシアチは、低く舞い下りて追いかけてきました。かれが薪の山の上にさしかかった時、神々はいっせいに薪に火をつけました。猛然と飛んできたシアチは引き返すことができず、みるみる羽に火がついて、火だるまになって地に落ちました。そこへ神々がかけつけて殺してしまいました。

イドゥンが無事にもどってきたので、アスガルドは喜びにわきたち、神々は光りまばゆいような若さをふたたび取りもどしたのでした。

さきに書いたニヨルドとスカディの結婚は、父の復讐《ふくしゅう》にスカディがアスガルドへやってきた時のことです。

ところでこの神話は、りんごを持っていることで象徴される豊饒《ほうじょう》の女神が、冬の巨人にさらわれて地下に出向いたのを、春の訪れとともに神々が取りもどしたことの神話的な表現かもしれません。

ではかのじょは、〈青春のりんご〉をどのようにして持っていたのでしょう。それがよくわからないのです。かのじょがそれを持ってアスガルドを去ると、たちまち神々が老いて醜くなったといいますから、木になっているりんごとは思えません。かごに入れて保管していたといわれている個所もありますが、ではどんな状態のものでしょう？　どうもイドゥンのりんごはイメージがはっきりしません。これはおそらく当時の北欧人が、話ではきいていてもりんごの実体をよく知らなかったことに基づくのではないでしょうか。北欧にも野生のりんごはないわけではありませんが、それは見栄えのしない小さい果実で、食用にはならず珍重されることもないようです。そこでこの神話は北欧人の間に自然にできたものではなく、聖書のエデンの園やギリシアのヘスペリデスの園のりんごの話から、北欧人が借りてきたもののように思えます。それともアイルランドの青春の国のりんごの話から、新しく詩人が作りだしたものでしょうか。とすると、イドゥンのりんごのイメージがはっきりしないのも当然かもしれません。

ゲフィオンの国引き

スノリは『エッダ』と『ユングリング家のサガ』の両方で、ゲフィオンの国引きの神話を語っています。スウェーデンのギルヴィ王は、あるとき旅の女と楽しい一夜をすごしました。そこで翌朝の別れにあたって、一くびきの牛が一昼夜で鋤《す》いただけの土地をかのじょに与える約束をしました。ところがこの女は、アサ神のひとりのゲフィオンでした。かのじょは北のヨツンヘイムに行って、四頭の巨大な牛をつれてきましたが、これはかのじょと巨人との間にできた息子たちでした。この四頭の牛を巨大な鋤《すき》の前につないで、ぐわっとばかりに大地を深く大きく掘り取り、それを西の海に運んで、そこの海峡に一つの島をつくりました。それがコペンハーゲンのあるシェーラン島で、大地を掘り取られたあとが、スウェーデンのメーラル湖になったというのです。

『ユングリング家のサガ』では、ゲフィオンがギルヴィ王のもとへ出かけたのは、オーディンの命令で土地を探しに行ったのであり、帰って来てからは、かのじょはオーディンの一子スキョルドと結婚して、フレードラ（レイレ）に住んだとなっていますが、国引きの話は同様で、同じく詩人ブラギがこの神話を歌った詩句を引用しています。

この神話により、ゲフィオンはシェーラン島の守護神とされ、いまコペンハーゲンの港の近くに、四頭の牛を御しているゲフィオンの大噴水ができています。

ゲフィオンという名は、フレイヤの一名であるゲブン（おそらくは、与え手の意）に似ていますし、『ロキの口論』でみても、この二人の女神は似かよっているところがあります。またゲフィオンは処女の守護神で、独身のまま死んだ乙女はかのじょのもとへ行くといわれるのも、フレイヤと同じではないけれど、女の死者を引き受ける点では似た役割をしています。だからといって、このふたりを同一視するには材料が足りません。おそらくゲフィオンはフレイヤの別名か、シェーラン島で特に崇拝された女神であろうとされます。

そのほかにも、トールの妻とされるシフ、スノリがフリッグについでえらい女神としているサーガ、フリッグの妹あるいは侍女とされるフラ――ドイツの伝説によく出てくるホッレ夫人は、彼女の退化した姿とされます――、医術にたけているというエイルその他、またノルウェー北部では力強い女神として祭られていた、トルゲルド・ヘルガブルード（ヘルギの花嫁のトルゲルド）と、その姉妹イルパなどもありますが、いまは略します。

Ⅶ　ロキの裏切り

シフの髪を切った話

ロキは北欧神話の中で、最も謎にみちた、気心の知れない神です。神話においてはオーディンやトールに決して劣らない活躍をしていますが、かれが民間で崇拝されていた形跡はあまりみられませんから、異教時代の末期になって、おそらくはキリスト教の悪魔の観念を取りいれて、その姿形がふくらんだものかと思われます。こんな神が神々の間に立ちまじっているところが、北欧神話の独特な点です。

スノリはロキについて次のように書いています——

「かれはアサ神族のうちに数えられているが、ある人びとはいう——かれはアサ神族の中傷者、または神々と人間にとっての欺瞞《ぎまん》と恥辱の張本人だ。名まえはロキまたはロプト、巨人ファウルバウティと女巨人ラウフェイまたはナルの息子だ。ロキは外貌は美しく上品だが、気性は邪悪で、いたって気まぐれだ。かれは術策にすぐれ、あらゆる場合に対して戦術をもつ。かれはしばしば神々を非常な困難に陥れたが、しかしその狡知《こうち》によっていつもかれらを救い出した。妻はシギュンで、息子はナリあるいはナルヴィ」と。

かれの話はすでにいくつも紹介してきました。トールと巨人国へ行って巨人たちと力くらべをした話、トールの槌《つち》が盗まれた時、フレイヤ女神に変装させたトールに侍女としてついてゆき、たくみにそれを取りもどした話など。ここには略しましたが、ゲイルロッドという巨人につかまって危なかった時、トールを連れていってかれとその娘たちをこらしめた話もあります。この本ではふれられなかったけれど、有名な〈竜殺しのシグルド〉の話では、オーディンとヘニールと旅をしていて、滝のところで鮭《さけ》を捕っていたカワウソ（オッタル）を石を投げて殺したため、その父のフレイドマルにみなで捕らえられたのが、話の発端になっています。トールの妻の自慢の金髪を彼女が眠っている間にそり落としてしまったような無邪気ないたずらがあるかと思うと、アスガルドの城壁づくりのように不気味なのがあり、バルドルを殺したとか、巨人の女との間に三人の魔物を産んだとか、最後のラグナレクには魔軍を率いてアスガルドに攻め寄せたとかになると、かれを単にアスガルドの道化者とするだけでは、無理なように思われます。

またかれは口が悪いので知られ、海神エーギルの館で行われた宴会では、列席した者をすべて罵倒しています。かれが遠い昔にオーディンと血を交えて義兄弟になったことも、この詩（『ロキの口論』）の中で述べられています。

ここでは先にふれたトールの妻シフの自慢の髪をかのじょが眠っている間に切ってしまった話と、もう二つの重要な話を紹介しましょう。

トールの妻シフは、太陽の光をあびると金のように輝くふさふさした長い髪をしていて、それが夫のトールもかのじょもひどく自慢でした。その髪を、かのじょが眠っている間にジョキジョキと切ってしまったのですから、たまりません。目をさまして自分が丸坊主になっていることを知ったシフは、泣きながら夫のところへ走っていってこのことを訴えました。

「そんなことをするやつはロキにきまっている。よし、あいつをつかまえて、骨を一本残らずへし折ってくれる」

トールは怒ってとび出してゆくと、まもなく相手を探しだし、むんずと腕をつかみました。骨も折れんばかりの恐ろしい力です。ロキはトールが本気で怒っているのを見て怖くなり、一生懸命にあやまったのですが、トールはどうしても許さず、いまにもつかみ殺さんばかりのいきおいです。

「アイタタタ……ちょっとその手をゆるめてくれ、トール。奥さんの髪の毛はなんとか代わりをみつけるから、ちょっと待ってくれたまえ」

ロキは必死でたのみますが、トールは容易に信用しません。

「代わりをみつけるって、そんなことができるのか？　いったいおまえはどうするつもりか？」

「小人のところへ行って髪を作ってもらってくるよ。まじりけのない金でキラキラ輝いていて、それを頭にのせると本物の毛と同じにちゃんと頭に生えるやつだよ。なにしろ小人たちはすばらしい細工師で、どんなものでも作れるんだからね」

それを聞いてようやくトールはロキを許してやる気になりましたが、でも放してやる前には猛然とかれをこづいておいてから、こういってどなりつけました。

「だが、よく覚えておけよ。もしそいつがもとの髪に負けないだけに美しく、しかも本物の髪と同じに頭にくっつかなかったら、こんどこそきさまの骨を一本残らず折っぴしょってやるからな。では、行ってこい」

ロキは命が助かったのに大喜びして、さっそく小人のところへ出かけました。小人たちはたいてい山の岩穴の中に住んでいます。

ロキが訪ねたのは、ドヴァリンという有名な小人の息子たちでした。兄弟はロキのたのみをきくと、それくらいの仕事はわけはないといって引き受けて、じきにシフの髪に負けない美しい髪をこしらえてくれただけでなく、なおもすばらしい贈り物をしてくれたのでした。一つはグングニールという投げたら必ず相手を倒す投槍《なげやり》で、もう一つはスキドブラドニルといって、小さくたためばポケットにもはいり、広げれば神々が残らず乗れるほど大きくなり、しかもいつでも追い風を受けて、陸でも空でも自由に走る魔法の船でした。

ロキはすっかり気をよくして、帰途につきました。ところが途中でかれは、ブロックという別の小人に出会いました。ブロックは鍛冶の名人として知られたシンドリの弟です。自分の成功に気をよくしていたロキは、さっそくブロックに向かって自慢していいました。

「どうだい、ブロック、この品物を見ろよ。おまえの兄貴のシンドリにも、これだけの物はできまい。もしこの三つの宝に負けないものをシンドリが作ることができたら、おれはおまえにこの頭をやってもいいぜ」

自分の兄の腕前をよく知っていたブロックは、すぐにいいました。「よし、そのかけにまちがいはないね。さあ、いっしょに来たまえ、シンドリにどれだけのものが作れるか、きみに見せてやろう」

こういってロキを鍛冶場へつれてゆくと、兄にロキとしたかけのことを話しました。

シンドリはさっそく火床に火をおこしました。炎が勢いよく燃え上がります。その火が十分に熱したと見ると、シンドリはいきなり一枚の豚の皮を火に投げこみました。それから弟にふいごをわたすと、おれの帰ってくるまで休まずにふいごを押してくれといいつけておいて、シンドリは岩穴を出ていきました。

シンドリが出てゆくと同時に、ロキは一ぴきのアブに化けてブロックの手にとまり、思いきりその手を刺しました。しかしブロックは、ふいごを押す手を休めません。そこへシンドリがもどってきて、火の中からできあがった品物を取り出しました。それは金のたてがみをはやした、一ぴきの本物のすばらしい猪《いのしし》でした。

つぎにシンドリは、火の中へ金を投げこんで、またもや弟にふいごを押させました。こんどはロキのアブは、ブロックの首根っこにとまると、前の時よりも強く二度も刺しました。それでもブロックは、ふいごを押す手を休めません。そこへシンドリがもどってきて、火の中からみごとな金の指輪ドラウプニルを取り出しました。

いよいよ三度目です。シンドリはこんどは鉄を火の中へ入れると、「ブロック、しっかりふいごを押すんだぞ。でないと、せっかくの品物がだめになるからな」といって、また外へ出ていきました。

こんども失敗したら、ロキの負けです。かれはブロックの目と目の間にとまると、ありったけの力でまぶたを刺しました。たらたらと血が流れ出しました。痛いうえに、流れ出した血が目にはいるため、どうしてもブロックはアブを追っぱらわずにはいられなくなりました。そこで、ほんの一瞬だけれど、かれは片手をふいごからはなしてアブを追いはらいました。しかしその一瞬の間に、みるみる火勢は弱まったのです。

とたんにシンドリがもどってきて、「どうしたんだ、火が消えかかっているじゃないか」と弟をしかりつけました。それでも火の中から取り出したのは、一つのすばらしい槌《つち》でした。

「さあ、これを持っていって、どちらの品物がすぐれているか、神々に見てもらうんだな」

こうシンドリはいって、三つの品物をブロックにわたしました。そこでブロックとロキは、それぞれの贈り物をもってアスガルドに向かいました。

神々はオーディンの広間に集まって、それぞれ自分の席につきました。オーディンとトールとフレイの三人が、どちらの贈り物がすぐれているか、最後の判定をすることになりました。

ロキはまず自分のもってきた贈り物を取り出して、シフのとそっくりの金の髪はトールに、グングニールの槍はオーディンに、スキドブラドニルの船はフレイにやって、「この髪をシフの頭にのせれば、本物の髪と同じにくっつくし、この槍は投げさえすれば必ず相手に命中する。またこの船は、どちらの方角に向けようと必ず追い風を受けてすばやく走るし、たためば一枚のナプキンのようになってフレイのポケットにはいるのだ」

と、その効能をいい立てました。

こんどはブロックが贈り物を取り出しました。かれはまずオーディンに金の指輪をやっていいました。「これはドラウプニルの指輪といって、九日目の夜ごとに自分と同じ指輪を八つずつ産みます」

つぎには金のたてがみをした猪をフレイにやっていいました。「これは〈金のたてがみ〉という猪ですが、空中でも海の上でもどんな馬よりも速く走ります。それに、どんな闇の夜でも、あなたはこのたてがみの光で道に迷うことはありませんよ」

ついでブロックは、トールに槌をやっていいました。「この槌はミョルニルといって、どんな敵でも一撃で倒すことができるし、どんなに遠くへ投げてもひとりでに手もとに帰ってきます。それに、もしお望みなら、小さくしてポケットにも入れられるんです」

しかしブロックはいいませんでしたが、この槌には一つの欠点がありました。柄が少し短すぎたのです。それは、アブになったロキがひどくブロックを刺して、ふいごを押す手をちょっと休ませたからでした。

オーディンとトールとフレイは相談しましたが、結局ブロックの贈り物の方がまさっていると判定を下しました。なにしろトールのもらった槌は、巨人どもと戦う場合のかけがえのない武器だったからです。これを投げつければ、どんな巨人をも一撃で倒すことができ、しかも槌は必ずかれの手にもどってくるのですから。

そこでオーディンはたち上がって、ブロックの勝ちを宣言しました。ブロックはさっそくロキの頭を要求しました。ロキはあわててさけびました。

「おれの頭をとったって、しょうがないじゃないか。代わりに金をどっさりやるから、かんにんしてくれ。そうすりゃおまえは小人第一の金持ちになれるんだよ」

小人がなにより好きなのは黄金です。だからロキは、こういってブロックをごまかそうとしたのですが、ブロックはその手にのらず、どこまでもかけの約束を実行するよう主張して、おまえの頭をよこせといいはります。

「そんなら、おれをつかまえてみろ」と、ロキはさけんで逃げだしました。なにしろかれは、水の上でも空でも自由にとぶ千里の靴をはいているので、あっというまにとんでもなく遠くまでいってしまいました。

ブロックはトールに、ロキをつかまえてくれとたのみました。トールはまだロキのことを怒っていましたから、さっそくフレイに例の〈金のたてがみ〉を借りると、さっとその背にとびのって、空をきってとんでいきました。こうして、まもなくロキはつかまって、アスガルドにひきたてられました。

ブロックは喜んで、さっそくロキの頭を切り落とそうとしました。ところがロキはいいました。

「いいとも、さあ、頭を切り落とすがいい。だが、一センチでもおれの首に傷をつけたら承知しないぞ。頭をやるといいはしたが、首をやるとはいわなかったからな」

さあ、首に傷をつけないで頭を切り落とすことが、できるかどうか。とうとうブロックはあきらめて、いまいましそうにさけびました。

「もし、ここに兄貴のふくろうがいたら、おまえの憎らしいくちびるをぬいあわせて、口がきけんようにしてやるんだがな」

とたんにシンドリのふくろうがとんできて、ロキのくちびるに食いついて、穴をあけました。ブロックはすばやく皮ひもで、そのくちびるをぬいあわせました。

それでもロキは、平気なものです。ブロックがいなくなると、たちまちひもをかみ切ってしまいました。

こうしてロキは、いつものことながら、たいした罰を受けずにすみました。しかも神々は、いくつものすばらしい宝物を手にいれることができたのでした。

ロキの子どもたち

ロキはアスガルドに住んで神々の仲間にはいり、オーディンと義兄弟になっていましたが、じつは巨人の種族の出であることは前にいいました。だから、かれはいつも心の中にひそかな悪だくみをかくしていました。

ロキがまだ山の巨人たちの間でくらしていたころ、かれはアングルボダという巨人の女を妻にして、三人の子どもをもうけました。一番目はフェンリルという狼《おおかみ》、二番目はヨルムンガンドという蛇（ミッドガルド蛇ともいう）、三番めはヘルという女です。

まもなく神々は、ロキの三人の子どもたちが巨人の国にいることを耳にしました。オーディンはその子どもたちがやがて神々に災いをもたらすのではないかと、心配しました。そんな子どもたちから出てくるのは、悪いことにきまっているからです。そこでオーディンは、その子どもたちをアスガルドにひっぱってこさせました。

ロキの子どもたちがオーディンの前にひきだされると、オーディンはすぐさま蛇をつかんで海の中に投げこみました。しかし、蛇は死にませんでした。何年もたたぬうちにかれはすさまじく大きくなって、大地を一まきしてもまだあまって、自分のしっぽを口にくわえるほどの大蛇になってしまいました。これがヨルムンガンド、またの名はミッドガルド蛇です。

つぎにはオーディンは、ヘルをつかむと、「おまえは地下の世界へいって、死人の王にでもなるがいい」というなり、ニブルヘイム（霧の国）の底深く投げこんだのでした。

戦場でたおれた勇士はアスガルドのワルハルに運ばれていきますが、病気や老年のために死んだ人間はみな霧に包まれた地下の国にいくというのが、昔の北欧人の考えでした。かれらは高い壁をめぐらした、女王ヘルが治める永久に日のささぬ世界で、暗いしめっぽい日を送るのです。ヘルは半身が血のように赤く、半分は氷河のように真っ青な色をしているといわれます。

しかしオーディンは、フェンリス狼（彼の正しい呼び方はフェンリルだけれど、狼と続けていう時はこう呼ぶ）だけはアスガルドにとどめておきました。もちろん神々がきびしく見張っているのです。といっても、なにしろフェンリルはあまり気性がはげしいため、えさをやる役目は戦いの神チュールでなくてはつとまりませんでした。

狼が日ましに驚くほど大きくたくましくなってゆくのを見て、神々はいつかあの予言が実現するのではないかと怖れました。その予言は、やがては大きな狼がきて神々の世界を滅ぼすだろうと、はっきりといっていたからです。

なんとかして、いまのうちにこのフェンリルを押さえつけなくてはと神々は考えて、一本の太い鎖をつくると、狼のところへいってかまをかけてみました。「おまえは力が強いから、こんな鉄の鎖くらいわけなく切れるね」と。

狼はその鎖を見ると、こんなものを切るのはぞうさもないと思っていいました。

「いいから、しばってごらんよ」

そこで神々はしっかりと狼をしばりましたが、フェンリルがぶるんと体をひとゆすりすると、たちまち鎖はずたずたに切れてしまったではありませんか。

神々はこんどは倍も太い鎖をこしらえて、それをフェンリルのところへもっていくと、この鎖は前のより二倍も丈夫だが、これを切ったら、それこそおまえの名声はいよいよ高くなるだろうよと、おだてあげたのでした。

狼はその鎖を見て、それがあまりに巧みな鍛冶の手で丈夫につくられているのに驚きましたが、しかしじぶんの力も、最初の鎖を切った時からみれば、ずっと強くなっているのを知っていましたし、名声をあげようと思えば少しは危険もおかさなくてはならないとも思いましたので、フェンリルはこんども、「まあ、いいから、しばってごらんよ」といいました。

神々は、できるだけしっかりと狼をしばると、これでだいじょうぶだと思いました。フェンリルはぶるっと武者ぶるいをして一気に鎖をたちきろうとしましたが、こんどはなかなか切れません。かれは大地に身をこすりつけたり、鎖をかきむしったりして、猛烈にあばれました。そのはげしい勢いに、ついに鎖は切れてはねとびました。

二度も失敗したので、神々はすっかり恐れをなして、もうこの狼をしばることはできないのではないかと心配しました。とうとうオーディンが一計を案じました。かれはフレイの部下のスキルニルを小人のところへ使いにやって、一つのふしぎな鎖をつくらせたのです。

その鎖は六いろの品——猫の足音と、女のひげと、岩の根っこと、熊の足の腱《けん》と、魚の息と、鳥の唾液をよりあわせて作ってありました。いずれもふしぎな品ばかりです。いったいこんなもので鎖がつくれるのでしょうか。

しかし、たしかにこれらの品が使われた証拠に、それ以来猫には足音が、女にはひげが、岩には根が、熊には腱が、魚には息をすることが、鳥には唾液がなくなったのです。だから、いまいったことにまちがいはないはずと、エッダの作者はいっています。

小人がつくりあげたこの鎖は、まるで絹のリボンのようにやわらかですべすべしていましたが、それでいて、どんな鉄の鎖よりも丈夫でした。スキルニルがこの鎖をアスガルドにもってくると、神々は手から手にわたしてそれぞれ力いっぱいひっぱってみましたけれど、どうしても切れません。神々は喜んで湖の中にある小島へ狼をつれていって、フェンリルにその絹の細いリボンのようなひもを見せていいました。

「このひもはいかにも細くて弱そうに見えても、なかなか丈夫なんだ。でも、おまえに切れんことはあるまい」

すると狼はいいました。「こんなひもは、切ったところで名誉になりそうもないな。もっとも、悪だくみと魔法でこしらえたものなら、細くて弱そうに見えても油断はできんがね。いずれにせよ、こんなものでしばられるのはごめんです」

こういわれて神々はこまってしまいましたが、知恵をしぼっていいました。「おまえは太い鉄の鎖でも切ったのだから、こんな絹ひもが切れないわけはない。またもしこれが切れないようなら、神々はなにも心配することはないわけだ。だから自由に放してやるよ」

すると狼はいいました。「一度しばられてしまったら、鎖をといてもらう日を待っていたって、らちがあきますまい。ぼくはどうもこのひもには何かしかけがありそうで、しばられるのは気がすすまないのだ。しかし、いくじなしと思われるのはいやだから、まあしばってもらいますが、その代わり、あなたがぼくをペテンにかけるのでない証拠に、だれか一人、ぼくの口の中に手をさしこんでいてください」

もし神々がペテンにかけたなら、すぐさまその手をかみ切ってやるつもりなのです。これをきいて、神々はたがいに顔を見合わせるばかりで、一人としてすさまじい狼の口の中に手をさしこむ勇気のあるものはありませんでした。フェンリルは、それみたことかとばかりにせせら笑いました。

チュールの手をかみ切るフェンリル（18世紀の写本）

とたんにチュールがぐいと右手をつきだして、狼の口の中にさしこみました。

神々はすばやく絹ひもで狼をしばりあげました。フェンリルは必死でそれを切ろうとしてもがきましたが、ひもはかれが力をいれればいれるほどいよいよ肉にくいこんでくるばかり。それを見て、神々ははじめて笑いました。しかし、片手を食いちぎられたチュール神だけは笑うわけにいきません。

狼がもうひもを切れないとわかると、神々は太い鎖にそのひもを結んで、その鎖を大きな岩にしばりつけ、それからその岩を土ふかく埋めて、大きな岩をまたその上にのせたのです。それでもフェンリルは、大きく口を開いてほえにほえ、鎖にしばられたまま暴れにあばれて、神々に食いつこうとします。そこで神々は、その上あごと下あごのあいだに一本の刀をつきたてました。こうなっては、いくら狼でも、かみつくことはできません。もう安心です。

こうしてフェンリス狼は神々と巨人との最後の戦いの日まで、じっとしばられていたのです。

鎖につながれたロキ

神々はロキのいたずらには手を焼きましたが、アスガルドの城壁づくりや、シフの髪切りの場合のように、かれは神々の苦境をうまくきりぬけたり、思いがけぬ宝物を神々にもたらすこともあったので、これまでは大目に見てきました。

しかしそのいたずらがひどくなって、愛と光の神バルドルを殺したとなっては、神もかれを許すことができませんでした。直接にバルドルに手を下したのはヘズルですが、かれをおだててバルドルを殺させたのはたしかにロキであり、バルドルが結局ヘルの国に残らなくてはならなくなったのも、かれのせいだということを神々はよく知っていたからです。しかし、ロキがアスガルドの聖地にいる間は復讐《ふくしゅう》をするわけにはいきません。

それをいいことにして、ロキは相変わらず神々をからかったり苦しめたりしていました。とうとうある日、トールはもう我慢ができなくなって、「ロキ、口をつつしまんか。でないと、この槌《つち》でたたき殺すぞ」と、槌をふりあげてどなりつけました。

たちまちロキはおとなしくなりました。神々が自分にたいして腹をたてていること、トールなどは自分を殺してしまいたいと思っていることが、よくわかったからです。そこでかれはアスガルドを逃げだして、山奥ふかくに隠れ、そこに戸口が四方につい た家をたてて住むことにしました。戸口が四方についていましたから、どちらの方角でもながめることができました。きっと神々は、かれを捜しにくるにちがいありません。だから、どの方角からやってきてもよくわかるようにしておいて、神々がきたらいちはやく反対の方へ逃げようと考えていたのです。

かれはよく鮭《さけ》に姿を変えては、家の近くを流れる大きな川で泳いで遊んでいました。ある日かれは川で泳いでましたが、ふと、――いったい神々は、どうしたら川の中にいるおれをつかまえられるだろうかと考えました。そこで家に帰ると、さっそく麻のより糸を持ってきて、いろいろくふうして一つの網をつくりあげました。それは、いま漁師たちがつくる網と、そっくりのものでした。

一方神々はアスガルドで、ロキをつかまえる相談をしていました。オーディンは高い玉座についていて、そこにすわると全世界を見わたすことができました。こうしてオーディンが谷間をながめ海のほうをながめ、また山々をながめていると、とうとうロキの隠れている場所が見つかりました。さっそく神々はロキをつかまえに出かけました。

ロキはいろりの前にすわってせっせと網を大きくしていましたが、神々がやってきたのを見ると、急いで網を火の中へ投げこみ、すぐさま川の中へ躍りこんで鮭に化けて水底ふかくもぐりました。

神々はロキの家につくと、知恵者のクワシールを先頭に家の中へはいってきました。クワシールは炉の中にロキの投げこんだ網が白い灰になっているのを見ると、すぐさまこれは魚をとるのに使えそうなものだと見ぬきました。ところが、ロキの姿はどこにも見えません。きっと魚に化けて水にもぐったにちがいないと、神々は考えました。

「こうなったら、あいつをあいつ自身のトリックでつかまえてやるばかりだ」とトールはさけびました。

そこで神々は、麻糸をたっぷり持ってきて、大きな網をつくりにかかりました。ロキのつくった網の燃えがらが、きれいな灰の模様になって残っていたので、それをまねてどんどん網をあんでいったのです。

いよいよ網ができあがると、神々はそれをもっていって川に投げました。トールが一方のはしをもち、ほかの神々が力を合わせてもう一方のはしをもちます。川の上手には大きな滝があったので、みんなはその滝壺《たきつぼ》の近くに網をはって、海の方へ追いおろしていくことにしました。神々が近づいてくると、ロキは川底の二つの大きい石の間にひっそりと身をひそめました。網はかれの上をかすめて通りすぎました。しかし神々は、何物かが水の底で動いたのを感じました。

そこで神々は二度めにはもっと滝の近くまでいって網を投げこみ、しかもこんどは網の下に石をむすびつけたので、何物もその下をくぐって逃げることはできませんでした。ロキはどんどん網に追われて逃げていきましたが、もう海まではほんの少しというところまで来てしまいました。絶体絶命、ロキは力いっぱいに躍りあがると、網をとびこえて滝壺に泳ぎもどりました。

もうロキの隠れ場はわかりました。神々は二組にわかれて網の両はしをもち、トールは川の真ん中にはいって、みなが海の方へ網をひいていくあとを、ロキを逃がさぬように追っていくことにしました。こうなっては、ロキには二つの道しかありません。といって海へ追いたてられていっては命があぶないので、ただ一つ残された道は、もう一度網をとびこえて滝壺に逃げ帰ることでした。

かれは満身の力をこめて空中にとびあがりました。しかし、こんどはトールが待ちかまえていて、かれがとびあがったところを、大きな手でぱっと空中でつかまえました。ぬれた魚は危うくかれの手の中をすべりぬけそうになりましたが、トールはしっかりとしっぽをにぎりしめていました。そのために鮭のしっぽは今でも細くなっているのだといいます。

こうしてロキは聖地の外でつかまってしまいました。こうなっては慈悲をねがってもむだです。

ロキとシギュン（C. W. Eckersberg 画）

乾いた土の上へでると、かれはもとの姿にもどりました。そのロキを神々は山奥の洞窟へ連れていき、三つの平たい岩をとってくると、それに穴をあけて鉄の鎖を通してロキをつないでしまいました。それから一ぴきの毒蛇をつかまえてくると、ちょうど蛇のはく毒がかれの顔の上へしたたり落ちるように、それをロキの頭上にくくりつけました。こうして神々はそこをたち去りました。

ロキの妻のシギュンだけは、夫をかわいそうに思ってそこに残りました。かのじょはしばられている夫のそばに立って、したたり落ちる蛇の毒を鉢に受けてやりました。でも、鉢がいっぱいになるたびに、それを捨てに行かなくてはなりません。その間に毒はロキの顔の上にしたたりおちました。するとロキは、大地もふるえるほどものすごい力で苦しがって身をもがきます。人々はそれを地震だと思うのでした。

こうしてロキは、この世の最後の日まで鎖につながれていなくてはならなかったのです。

Ⅷ　神々と世界の破滅――その再生

神々のたそがれ

ロキが鎖につながれている間に、いよいよ神々と巨人たちとの最後の戦いの日が、不気味に近づいてきました。

それは、昔からラグナレク——「神々の没落あるいは運命」——と呼ばれ、神々とこの世界が滅びる運命の日なのです。ワーグナーが「神々のたそがれ」として楽劇化しているのはこの場面です。古い『巫女《みこ》の予言』には次のように歌われています——

やがてフィンブルの冬がやってくる
光はささず四方から雪がふきつけて
あいだに夏をはさむことなく、ぶっつづけに三つの冬がつづく
それからまた三冬つづいて

全世界がおそろしい戦争にまきこまれる
そのとき兄弟はたがいに殺しあい
その息子らは一族のよしみをやぶり
世界は苦しみもだえ
姦通《かんつう》はおそろしくはびこり
鉾《ほこ》の世、剣の世が続き
楯《たて》は裂け
嵐の世、狼《おおかみ》の世が続いて
ひとりとして他人をいたわる者なからん

そして、そんな動乱の中で巨大な狼が太陽と月をのみこみ、星たちも姿を消し、大地も山もくずれおちて、あらゆる巨人や魔物が神々と人間の世界に攻めよせ、この世は火に包まれて滅び去るのだといいます。

全知のオーディンは、その予言をよく知っていました。この美しい世界も、決して永遠につづくわけではありません。バルドルの死が、もはやそのことを示していました。地上からは、もう美しさも清らかさも消えていき、青春のりんごをもった女神イドゥンも、ユグドラシルの梢《こずえ》からまっさかさまにおちて姿を消しました。暴力やいろんな悪が、どんどんふえてきています。兄弟はたがいに争い、子が父と戦っています……。

予言にいわれたとおりのことが起こるのでしょうか。

日の光も熱も、ぐんぐん減ってきました。一つづきの長い冬のように、三年のあいだ、冬がつづきました。四方から身を切るような風がふきつけて、雪がすさまじいほど降りつもりました。太陽も月も隠れ、星は姿を消しました。大地も山々もふるえて、木々は根こぎになって倒れ、あらゆる鎖や呪縛はちぎれてとびました。

そこで、ロキとフェンリス狼は躍りでました。ミッドガルド蛇も、海の底からたけり狂ってはいだしてきました。海の水ははげしくわきたって、猛然と陸地におしよせてきました。川は堤を切ってあふれ、湖はたがいにつながりあい、水は谷々をうずめ、山々をおおいました。そんな大洪水の中で、水底からナグルファールの船もぽっかりと浮かびでました。それは死人の爪でこしらえた船で、乗っているのは死人たち、舵《かじ》をとっているのはフリムという巨人でした。

フェンリス狼は、下あごは地に上あごは天にとどくほど口を大きくあけて、その目と鼻の穴から火をふきながらアスガルドめがけて走ってきました。彼と並んで、ミッドガルド蛇も、天地も暗くなるほどもうもうと毒気をはきながら進んできます。そのとき天が真っ二つに裂けたかと思うと、炎の国ムスペルヘイムの巨人らが乗りつけてきました。前後左右に炎をまきちらしながら、その先頭にスルトルが立っていました。かれの巨大な火の剣は、太陽よりもあかるくかがやいています。アスガルドのそばに広がるウィグリドの野には、もう地下界の住人どもを残らずしたがえて、あのロキもやってきていました。霜の巨人や山の巨人もおしよせてきます。もはや最後と、橋番のヘイムダルはギャラールホルンの角笛をとって、力のかぎり吹きたてました。神々ははねおきて急いで会議をひらき、オーディンはミーミルの泉におりていって賢者の助言を求めました。天地をつらぬいてそびえるユグドラシルの巨木はざわめき、天地間の万物は恐れおののいています。

神々とワルハルに住むすべての戦士は、武器をとってウィグリドの野に向かいました。先頭にたつのは、光りまばゆい金のかぶとをかぶったオーディン。手にはグングニールの槍《やり》をもってフェンリス狼めがけて突進しました。

かれと並んで走っていくのはトールです。しかし、かれはミッドガルド蛇を相手にしなくてはならないので、オーディンの助太刀をするわけにいきません。フレイはスルトルめがけてとびかかりましたが、その宝剣を失ってしまっていたため（美女ゲルドを手に入れるのに使者のスキルニルに与えたため)、ついにはげしい戦いののちに倒れてしまいました。チュールは地獄のガルム犬と戦って、相討ちになって死にました。

トールはついにミッドガルド蛇を倒しましたが、九歩あとへさがったまま、ばったりとそこに倒れて死にました。蛇のはきかけた毒気にやられたのです。

フェンリルはついにオーディンをのみこみました。が、すぐさま息子のヴィダルがとびかかって、狼の下あごに鉄の靴をはいた足をかけ、上あごをつかんでばりばりと口をひきさいて父の仇《あだ》をうちました。その間にヘイムダルは、ロキと戦って相討ちになり、枕を並べて死んでいきました。

そこへスルトルが巨大な火の剣を投げつけました。全世界は火の海になって燃えあがり、ユグドラシルの宇宙樹もついに炎に包まれ、大地は海の底へ沈んでいきました。

こうして『巫女の予言』に歌われたとおり、神々の世界は滅び去っていったのです。

世界に神話は少なくありませんが、これほど凄惨な姿に神々と世界の運命を説いた神話が、他のどこにあるでしょうか。

よみがえる世界

こうして神々も人間も死に、大地は海中に沈んで世界は滅びるとされるのですが、どの民族の神話にしても、そのまま世界と人間が滅亡したきりになると考えるほどに、ペシミスチックではありえません。それは生きている人間の生み出す神話として、むしろ当然のことでしょう。北欧神話も、ラグナレクの後には世界の再生が来ることを説いて、話を結んでいます。

いったん海に没した大地が、おそらく火と塩水できよめられて、前にもまして緑の色も濃く海中から浮かび上がります。「種蒔《ま》かずして穀物は育つだろう。すべての禍《わざわい》は福に転じるであろう。バルドルは死の国からもどるであろう。戦士の神々、ヘズルとバルドルは、かつてのアスガルドに仲よく住むであろう」（『巫女《みこ》の予言』）。

スノリは『ワフスルドニルの歌』を引用して、さらに補っています——神々の中でも、ヴィダルとヴァリは、スルトルの炎にも傷つけられずに生き残った。トールの息子モディとマグニも、父の形見のミョルニルの槌《つち》を手に現れる。ホッドミミルの森に隠れて、露をすすって生きのびたリブとリブトラシルという二人の人間も出てきて、彼らが新しい人類の祖となる。

古い太陽は狼《おおかみ》にのまれたが、その前にかのじょは、かのじょに劣らず美しい一人の娘を産んでいた。こんどはその娘が、母親の後をついで天の軌道をめぐることになる、と。

『巫女の予言』の最後は、アスガルドの高みにあるギムレーの館のことを述べて、こんなふうにいっています。

ギムレーに黄金ぶきの館が太陽よりも美しくそびえ立っているのが、わたしには見える。
そこには誠実な人びとが住み、永遠に幸福な生活をおくる。
そのとき、すべてのものを統べる強き者が、天から裁きの庭におりてくる。
下のニザフィヨル（暗い山々）から黒い飛竜、閃光《せんこう》をはなつ蛇ニドヘグが舞い上がり、翼に死者をのせて野の上を飛ぶが、やがて沈むであろう。

ギムレーは当時の北欧人の考えた天国にあたるでしょう。もう一つの天国ともいうべき、死んだ戦士の迎えられるワルハルとは、大いにちがって、ここには疑いもなくキリスト教の観念が入ってきていると思われます。そして天からは、キリスト教のいう唯一絶対の神のようなものが下りてきて、罪あるものを裁くのです。

毒竜ニドヘグを扱っている最後の節は、最も解釈に苦しむところですが、神の来臨と審判をおそれて、死者の屍《しかばね》を運んで逃げようとするのですが、力つきて途中で落下するのだろうと、多くの人が考えています。

しかし、『古代ゲルマン族の宗教史』という名著を書いたオランダのヤン・ド・フリースはそれに反対で、そこにはキリスト教の観念はまじっていず、すべてはゲルマン異教の枠の中で考えられているとして、ゲルマン族に古くからある世界滅亡の観念をあげる一方で、もしこの世界の再生の部分がキリスト教の観念によって補われたものとするなら、当然そこに万人の罪を引き受けて一身をささげ、世を救う救世主の観念がなくてはならぬのに、それがまったく見られぬことを指摘して、キリスト教の影響を否定しています。しかし、罪なくして死ぬバルドルには、どこかイエスに近いものがあるし、全体としてこの詩の古い神々の没落、新しい世界への再生という構成と展開には、聖書、ことに黙示文学の影響は否定できない気がします。

『巫女の予言』は、もちろん作者名は伝えられず、制作年代もはっきりしていません。しかし、いろいろの点からみて、制作は西暦一千年前後、作者はアイスランドの神官ないし詩人で、古い伝承をそのままに伝えたものではなく、たぶんにかれ自身の考えを入れての創作と見られるべきものとされています。西暦一千年といえば、この年にアイスランドの議会というべきアルシングは、激論のはてにではありますがキリスト教を国教として採択しているほどで、キリスト教はすでに大変ないきおいで、この絶海の異教国にも押しよせてきていたのです。『巫女の予言』にその影響が深く影を落としていたとしてもふしぎではありません。『ワフスルドニルの歌』などにも、ほぼ同様の考えがあらわれています。

「エッダ」にあらわれた北欧神話といっても、このように、それがどこまで古来の北欧人の神話を忠実に伝えているかは疑問で、当然そこには時代による変化と生成があったわけです。だから、これは北欧神話と呼ぶよりもむしろ「エッダ神話」とすべきだという論も、そこに出てくるのです。

これで北欧神話の大体は紹介し終わりましたが、最後にアメリカのすぐれた神話学者エディス・ハミルトンのことばを引いて、しめくくりとしましょう。かのじょはいっています——

「北欧神話の世界は奇妙な世界だ。それは人間の空想した他のいかなる天国にも似ていない。そこには何ら喜びの輝きはなく、幸福の保証もない。しかもその上に避けがたい破滅の脅威がのしかかっている深刻厳粛な場所だ。神々は知っている、いつかかれらの滅びの日が来ることを。やがてはかれらは敵を迎えて、敗北と死の中に没しなければならぬだろう。善の力の、悪の力に対する防戦は絶望的だ。にもかかわらず、神々は最後まで戦うだろう。そして人間性にとってもこのことは不可避なのだ」と。

これが、北欧ゲルマン人の、ひいては近代ヨーロッパ人の人生観世界観なのでしょうか。キリスト教やギリシア神話の世界と、それがどんなにちがっていることでしょうか。ヨーロッパ文明の影響下にあるといっていい現代人は、こんな点にも思いをひそめることが必要だと思いますが、どうでしょうか。

おわりに

北欧神話は、はじめにも書いたように、ヨーロッパの北はずれに住むゲルマン族、いわゆる北欧人の伝えた神話です。北欧の地は久しく氷河に覆われていたので、人間の住みつくのも、文化が育つのも遅れました。それでも、紀元前一五〇〇年ころには、スウェーデンの南部や、あたたかいメキシコ湾流に洗われるノルウェーの西海岸や、ドイツと陸つづきのデンマークには人間が住みついて、いろんな遺跡を残しています。こんな北国へ移住してきた人間には二種あったようで、一つはスペイン、フランス、イギリス方面から海岸づたいにきたらしい、わりと背が低く、髪の黒い民族、もう一つは南ロシアからヨーロッパ中部を通ってやってきた、丈が高く、眼《め》が青く、金髪の民族です。この二つの民族が、デンマークやスウェーデン南部でまじりあって、いまの北欧人を形づくったものと見られています。だから現代の北欧人の中にも、この二つの型の人間が見られます。

そんなかれらからは、地中海周辺のひらけた民族からは、ただ野蛮なだけの未開人と見られて、恐れられていただけでした。かれらが歴史の上に登場するのは、ローマがアルプスの北側にまで勢力を拡張して、南下してくるゲルマン人と衝突してからです。のちにローマの皇帝になった有名な将軍カエサルは、その『ガリア戦記』の中で、ゲルマン人と幾度も戦ったことを記し、かれらの生活や信仰についても、かなりふれています。続いて百年ほど遅れて活動したローマの歴史家タキトスが、『ゲルマニア』という本を書いてから、北欧人をふくめたゲルマン族のことが、だいぶ明らかになりました。かれらの信仰する神々のことを、ややくわしく書いたのも、かれがはじめてです。

しかし、この人たちが書いたことは、外国人が外からながめて書いただけの断片的なものですから、この本ではほとんど取り上げませんでした。はじめに書いたように、この本の北欧神話の土台にしたのは、アイスランドの大学者スノリ・ストルルソンの書いた『エッダ』と、ほぼ同じころにまとめられた古詩集『古エッダ』(『詩のエッダ』ともいう)の二冊です。ほかに、同じスノリが書いた『ユングリング家のサガ』という北欧古代史や、かれよりやや先輩のデンマークのサクソが書いた『ゲスタ・ダノルム(デンマーク人の事跡)』からも少し話をとりましたし、ほかにも参考にした古いサガや研究書は少なくないのですが、なにしろこれは年若い人たちにもわかりやすいように企画されたシリーズですので、あまり立ち入った説明ははぶきました。神話は読んでは楽しいけれど、なにしろ遠い昔の神々の話なので、はっきりしない点が多く、いい伝えにもいろいろあって、説明するとなると大変むずかしいのです。本文の中でも、少しはそんな点にもふれてみましたが、話をこんぐらかしただけに終わったかも知れません。北欧神話あるいは広くゲルマン神話について、簡明で筋の通った本を書くには、筆者は力が足りないし、一般の研究もまだそれを可能にするほど進んではいないのです。また、『ベオウルフ』『シグルドの竜退治』などの英雄伝説は、すべて略すしかありませんでした。

終わりに皆さんの北欧神話研究の参考になるはずの手近な本をあげておきます。

谷口幸男訳『エッダ――古代北欧歌謡集』（新潮社）
山室静著『北欧の神々と妖精たち』（岩崎美術社）
グレンベック著、山室静訳『北欧神話と伝説』（新潮社）
Ellis Davidson, Gods and Myths of Northern Europe (Pelican Original)

一九八二年八月四日

山室　静

本書は、一九八二年九月、筑摩書房より「世界の神話」シリーズの一冊として刊行された。文庫化に際しては、常用漢字表（平成二二年一一月告示）に照らして一部のルビを割愛したほか、図版の差し替えを施した。

ちくま学芸文庫

北欧《ほくおう》の神話《しんわ》

二〇一七年三月十日　第一刷発行
二〇二五年六月十日　第四刷発行

著　者　山室静（やまむろ・しずか）

発行者　増田健史
発行所　株式会社　筑摩書房
東京都台東区蔵前二―五―三　〒一一一―八七五五
電話番号　〇三―五六八七―二六〇一（代表）
装幀者　安野光雅
印刷所　大日本法令印刷株式会社
製本所　加藤製本株式会社

乱丁・落丁本の場合は、送料小社負担でお取り替えいたします。本書をコピー、スキャニング等の方法により無許可で複製することは、法律に規定された場合を除いて禁止されています。請負業者等の第三者によるデジタル化は一切認められていませんので、ご注意ください。
© SHIGEKI YAMAMURO 2017　Printed in Japan

ISBN978-4-480-09793-4 C0114